家庭农场
绿色生产制度环境的法律经济学研究

JIATING NONGCHANG
LÜSE SHENGCHAN ZHIDU HUANJING DE
FALÜ JINGJIXUE YANJIU

武焱 ◎著

中国政法大学出版社

2023·北京

声　　明　　1. 版权所有，侵权必究。
　　　　　　　2. 如有缺页、倒装问题，由出版社负责退换。

图书在版编目（ＣＩＰ）数据

家庭农场绿色生产制度环境的法律经济学研究/武焱著.—北京：中国政法大学出版社，2023.12
ISBN 978-7-5764-1260-4

Ⅰ.①家… Ⅱ.①武… Ⅲ.①家庭农场－农场管理－法律经济学－研究
Ⅳ.①F324.1②D90-056

中国国家版本馆CIP数据核字(2024)第010005号

出 版 者	中国政法大学出版社	
地　　址	北京市海淀区西土城路25号	
邮　　箱	fadapress@163.com	
网　　址	http://www.cuplpress.com（网络实名：中国政法大学出版社）	
电　　话	010-58908435(第一编辑部) 58908334(邮购部)	
承　　印	固安华明印业有限公司	
开　　本	880mm×1230mm　1/32	
印　　张	7.25	
字　　数	182千字	
版　　次	2023年12月第1版	
印　　次	2023年12月第1次印刷	
定　　价	49.00元	

前 言

传统石油农业生产加剧了农业面源污染以及农产品安全隐患，农村资源环境问题备受关注。《"十四五"全国农业绿色发展规划》明确提出要优化绿色农业的发展机制，指出了农业绿色生产有利于农业绿色转型并实现高质量发展。相较于普通农户，家庭农场由于其追求规模经济利益的强烈诉求，以及对市场消费需求的敏锐感知，绿色生产的内在动力和响应能力都较强。因此，引导并促进其绿色生产的健康发展，是推动我国农业绿色发展的重要路径。然而，当前家庭农场绿色生产水平不高，重要原因之一是制度环境存在制度强度不足、内容不够完善等问题。国内外研究经验表明，制度环境对家庭农场绿色生产发展具有关键影响，只有深入分析制度环境对我国家庭农场绿色生产效应的影响机理，才能有针对性地采取措施优化其制度环境，更好发挥制度的积极作用，以进一步提升家庭农场绿色生产效应。

本书以制度环境为切入点，以家庭农场绿色生产为研究主题，遵循"制度供给—效应影响—制度优化"的逻辑分析框架，深入分析制度环境对家庭农场绿色生产效应的影响机理，探讨制度环境优化的实现路径。具体研究内容包括：第一，通过规范分析和制度文本量化分析方法，梳理我国家庭农场绿色生产实践及制度供给现状，检视现行制度环境下家庭农场绿色生产的生态效应和经济效应，探寻制度供给存在的问题；第二，通过制度变迁理论分析制度环境对家庭农场绿色生产效应的影响机理与作用路径，作为后续实证研究的理论基础；第三，运用成本收益分析理论，采用数据包络分析方法评价现行制度环境下我国家庭农场绿色生产的生态效应，并分析其规律及特征；第四，通过面板 Tobit 模型、多元线性回归模型，分别针对制度环境对家庭农场绿色生产的生态效应和经济效应影响进行实证分析，得出制度环境对家庭农场绿色生产效应的影响机理及其异质性，为优化制度环境提供方向。主要结论如下：

1. 家庭农场绿色生产实践、制度供给现状及面临的制度问题：我国家庭农场绿色生产特征显著，但绿色生产水平不高且地区差异明显；家庭农场绿色生产制度整体呈内容多元化的特征，但主体制度的缺失限制了家庭农场绿色生产制度的落实效果，加之相关制度存在规制强度不足、制度内容不均衡且制度间协同性较差等问题，导致家庭农场绿色生产的生态效应和经济效应提升缓慢且不稳定。

总体来看，我国家庭农场绿色生产制度环境并不尽如人意，需要进行全方位整合提质。

2. 制度环境对家庭农场绿色生产的影响机理与作用路径：良好的制度环境能够实现绿色生产正外部性的内生化，这促使家庭农场主在不增加成本的前提下，通过优化要素结构提升技术效率，同时，基于绿色农产品的收益预期，增加技术要素的投入，既实现绿色生产，又增加优质农产品产出，提升生态效应；此外，良好的制度环境能够有效减少农产品的信息不对称情况，消费者日益增强的绿色农产品认知及消费需求，也会带来绿色农产品的增值溢价，提升经济效应。由此，良好的制度环境会提升家庭农场绿色生产效应，反之则会抑制绿色生产效应。

3. 家庭农场绿色生产的生态效应评价：2014~2018 年全国各省份家庭农场绿色生产的生态效应总体呈上升趋势，但上升较慢且不稳定；就区域角度而言，呈东部较高、中部次之、西部较低的态势。生态效应的动态表现为，Malmquist 指数综合效应波动式增长，且技术效应对其影响显著；就区域角度而言，生态效应增长均值为西部最高、中部次之、东部最低。进一步对比分析发现，不同地区技术效应和规模效应对生态效应的贡献程度也不同，西部地区技术贡献显著，东部地区规模贡献显著，中部地区的技术贡献和规模贡献均介于东部和西部地区之间。

4. 制度环境对家庭农场绿色生产生态效应的影响：从制度形式来看，制度数量对家庭农场绿色生产的生态效应具有抑制作用，制度强度则具有促进作用；从制度内容来看，命令型制度的标准规范，激励型制度的示范农场、金融扶持、财政补贴，能力建设型制度的培训教育、科技创新，引导型制度均对生态效应具有促进作用，命令型制度的行政监管为负向影响，能力建设型制度的信息化平台和基础设施的影响不显著。此外，通过异质性分析发现，上述结论在不同地区差异明显，制度数量和强度对生态效应的影响，中东部地区显著，西部地区不显著，经济发达地区显著，落后地区不显著；制度内容对生态效应的影响，相较于西部地区，中东部地区较为显著，相较于经济落后地区，经济发达地区较为显著。

5. 制度环境对家庭农场绿色生产经济效应的影响：从制度形式来看，制度数量和制度强度对家庭农场绿色生产的经济效应为促进作用；从制度内容来看，命令型制度的标准规范和行政监管对经济效应为负向影响，激励型制度的示范农场、金融扶持以及财政补贴，能力建设型制度的教育培训、科技创新和基础设施建设均对经济效应有正向影响。此外，通过异质性分析发现，上述结论在不同地区存在差异，主要体现为制度内容中激励型和能力建设型制度对经济效应的影响，相较于西部地区，中东部地区较为显著；相较于经济落后地区，经济发达地区较为显著。

据此,本书提出以下建议:一要加强家庭农场主体的制度供给,推进家庭农场立法,明确家庭农场主体的法律地位、准入规范及内部法律关系,提升家庭农场绿色生产制度的落实效果;二要加强家庭农场绿色生产的制度供给强度,完善家庭农场绿色生产的标准规范、财政扶持、金融扶持以及教育培训等制度供给内容,并注重多元化制度内容的融合优化,发挥制度供给的整合效果;三要尊重地区发展差异,灵活安排制度供给,营造契合地区发展需求的制度环境。

本书的创新点在于:①研究角度方面:目前关于家庭农场绿色生产的研究较多,但从制度环境角度对家庭农场绿色生产效应的影响的研究较为缺乏。本书通过研究制度环境对家庭农场绿色生产效应的影响机理,得出优化制度环境的实现路径。②研究内容方面:将家庭农场绿色生产制度作为核心解释变量,论证分析制度环境对家庭农场绿色生产的生态效应和经济效应的影响情况,并进行异质性分析,为我国家庭农场绿色生产制度的完善提供参考和方向。

武 焱
2023 年 6 月

目 录

第1章 绪论 ······················· 1
1.1 研究背景和意义 ················ 1
1.2 文献综述 ······················ 5
1.3 基本理论 ······················ 28
1.4 研究思路及研究方法 ············ 35
1.5 本书的创新点 ·················· 39

第2章 家庭农场绿色生产现状及面临的制度问题 ········ 40
2.1 我国家庭农场的绿色生产实践现状 ·········· 40
2.2 我国家庭农场绿色生产的制度供给现状 ········ 54
2.3 现行制度环境下家庭农场绿色生产的效应检视及面临的制度问题 ······················ 75
2.4 小结 ·························· 79

第3章 制度环境影响家庭农场绿色生产效应的理论分析 ······ 81
3.1 制度环境对家庭农场绿色生产效应的影响分析 ··· 81
3.2 制度环境对家庭农场绿色生产效应影响的作用机理 ······················ 84

3.3 制度环境对家庭农场绿色生产效应影响的作用
　　路径 ………………………………………………… 88
3.4 小结 …………………………………………………… 94

第 4 章　现行制度环境下家庭农场绿色生产的生态效应评价 … 95
4.1 研究方法 ……………………………………………… 96
4.2 指标选取与数据来源 ………………………………… 99
4.3 模型分析结果 ……………………………………… 105
4.4 家庭农场绿色生产的生态效应比较分析 ………… 127
4.5 小结 ………………………………………………… 130

第 5 章　制度环境对家庭农场绿色生产生态效应的影响研究 … 131
5.1 问题的提出 ………………………………………… 131
5.2 模型构建和指标选取 ……………………………… 133
5.3 数据来源和描述性统计 …………………………… 138
5.4 制度环境对家庭农场绿色生产生态效应影响的
　　实证分析 …………………………………………… 141
5.5 异质性分析 ………………………………………… 153
5.6 小结 ………………………………………………… 161

第 6 章　制度环境对家庭农场绿色生产经济效应的影响研究 … 163
6.1 问题的提出 ………………………………………… 163
6.2 模型构建和指标选取 ……………………………… 165
6.3 数据来源和描述性统计 …………………………… 169
6.4 制度环境对家庭农场绿色生产经济效应影响的
　　实证分析 …………………………………………… 170
6.5 异质性分析 ………………………………………… 179

6.6 小结 …………………………………………… 187

第 7 章 优化我国家庭农场绿色生产制度环境的实现路径 …… 188
 7.1 主要结论 ……………………………………… 188
 7.2 实现路径 ……………………………………… 191
 7.3 研究不足与展望 ……………………………… 223

第1章 绪论

1.1 研究背景和意义

1.1.1 研究背景

传统的石油农业生产导致的严重农业面源污染以及愈加突出的农产品安全隐患，使得农业绿色生产受到国内外社会的广泛关注。"绿色发展理念"作为我国建设生态文明和发展社会经济的五大理念之一，在2015年召开的中共十八届五中全会上就正式提出；持续减少化肥农药使用量，促进农业的绿色生产，到2025年取得农业绿色生产转型的良好进展，在2021年中央一号文件中予以指出。可以看出，我国对农业绿色生产的高度重视。不仅我国，国际社会也对农业的绿色生产高度关注。《关于未来食品和农业的立法建议》（以下简称《立法建议》）由欧盟委员会于2018年向理事会提交，《立法建议》明确了基于环保目标的绿色发展是未来的发展航向，同时"共同农业政策2021—2027"的改革任务也由此展开[1]。2022年党的二十大明确提出"推动绿色发展，促进人与自然和谐

---

[1] 马红坤、孙立新、毛世平："欧盟农业支持政策的改革方向与中国的未来选择"，载《现代经济探讨》2019年第4期。

共生"。由此，农业绿色生产成为当前国内外共同关注的一个重要课题。

在国内外高度关注农业绿色生产的背景下，家庭农场作为新型农业经营主体，在农业绿色生产方面的表现优于普通农户。根据2019年的《中国家庭农场发展报告》可以发现，不仅在化肥农药减量方面，家庭农场的表现优于普通农户，而且在运用绿色生产技术及绿色处理农业废弃物等方面均很普遍，绿色生产特征明显。究其原因，是家庭农场的规模化、商品化及集约化的发展特征以及独具家庭经营及企业经营的双重属性，使其具有较强的农业绿色生产动机及绿色生产响应能力。在我国重点推进农业绿色生产的背景下，重点培育家庭农场主体、集中提升家庭农场绿色生产水平就显得格外重要，这将有利于我国农业绿色发展道路的光明与广阔[1]。然而，家庭农场在具备绿色生产优势的同时，当前整体绿色生产水平还较低，并且存在发展缓慢且地区差异显著等问题。

近年来，党和政府十分重视家庭农场及农业绿色生产的发展，家庭农场绿色生产的制度环境基本形成。如2019年农业农村部印发的《关于实施家庭农场培育计划的指导意见》中，就提到了建立家庭农场市场管理登记制度、名录管理制度、示范农场制度以及财政金融扶持制度等；大力推行农业节肥节药行动、推进优质农产品生产的发展在2019年的中央一号文件中明确提出。可见，我国政府对家庭农场及农业绿色生产高度重视。然而，我国家庭农场绿色生产制度仍存在诸多问题。就家庭农场制度而言，政策类制度较多，法律类制度严重欠缺。目前仅上海市出台了专门的家庭农场发展条例，可见，家庭农场制度强度较低，尤其缺乏全国范围内专门的家庭农场法律，这就会导致相关制度落地效果差等问题；同时，

---

[1] 杜志雄、金书秦："从国际经验看中国农业绿色发展"，载《世界农业》2021年第2期。

第1章 绪论

家庭农场绿色生产也存在制度内容不够完善、制度结构不尽合理等问题，导致了家庭农场绿色生产的经济效应和生态效应均发展缓慢且不稳定。鉴于当前制度环境的不完善，2021年公布的《"十四五"全国农业绿色发展规划》也明确提出要健全农业绿色发展的相关制度。已有研究表明，制度环境是影响家庭农场及农业绿色生产的重要因素[1]，而目前针对制度对家庭农场绿色生产效应的影响研究多为单一制度研究，制度环境对农业绿色生产效应的影响研究也较为缺乏。因此，本书以制度环境对我国家庭农场绿色生产效应的影响为研究课题。

从制度经济学的角度，结合经济发展和生态文明建设的需要，评价当前制度环境效应如何，具体包括经济效应和生态效应的表现两方面。那么，制度环境对家庭农场绿色生产效应的影响机理和作用路径，对于如何优化其制度环境非常关键。制度环境是影响家庭农场绿色生产效应的重要因素，优质的制度环境会使家庭农场绿色生产的要素投入规模和结构发生改变，影响家庭农场主的绿色生产意愿及其行为，从而产生绿色生产的结构效应和技术效应，进而影响家庭农场绿色生产的经济效应和生态效应。制度环境包括正式制度与非正式制度两部分，限于篇幅与研究精力，本书仅就正式制度展开研究，包括与家庭农场绿色生产密切相关的法律法规、政策及其他规范性文件。基于此，本书从制度形式和制度内容两个维度分别探讨制度环境对我国各地家庭农场绿色生产效应的影响机制和作用路径，并就其异质性进行分析，以期为优化其制度环境提出针对

---

[1] 陈德仙、黄中伟："制度环境对家庭农场的影响研究：一个文献综述"，载《经济体制改革》2019年第6期。

何劲："农业绿色生产问题研究回顾与展望：一个文献综述"，载《经济体制改革》2021年第2期。

John Cranfield, Spencer Henson, James Holiday. "The Motives, Benefits, and Problems of Conversion to Organic Production", Agriculture & Human Values, 27 (2010).

性的建议。

1.1.2 研究意义

（1）理论意义

家庭农场绿色生产对农业绿色发展以及农业高质量发展意义重大，而制度环境是影响家庭农场绿色生产的重要因素。当前我国家庭农场绿色生产制度仍面临着十分严峻的挑战，存在着诸多问题。对此，法学界多用定性分析方法研究家庭农场法律制度方面的问题，经济学界多用定量分析方法研究家庭农场绿色生产效应方面的问题。

一方面，本书为完善家庭农场绿色生产制度提供新的研究方法。本书突破了传统的法学研究范式，采用经济学的理论和方法对家庭农场绿色生产制度进行定量分析，为家庭农场绿色生产制度从定性分析向量化分析转化提供研究空间。由于家庭农场绿色生产所涉及的因素繁多，加之我国地区经济发展水平不平衡，传统法学的定性研究越来越难以应对制度困境。运用计量经济学的方法对家庭农场绿色生产制度的生态效应进行检视，通过实证分析探究制度环境对家庭农场绿色生产生态效应和经济效应的影响，为优化我国家庭农场绿色生产制度环境提供实证依据，也为进一步研究相关问题提供新的研究思路和方法。

另一方面，本书为研究家庭农场绿色生产制度提供新的研究视角。本书将制度环境作为核心解释变量，对制度环境对家庭农场绿色生产效应的影响进行实证分析，为家庭农场绿色生产制度的研究开辟新的研究视角。同时，分别对家庭农场绿色生产的经济效应和生态效应进行研究，拓展了家庭农场绿色生产效应的研究范围，有利于丰富家庭农场绿色生产的研究，为家庭农场绿色生产的制度环境优化提供坚实的理论支撑。

（2）实践意义

当前，正值农业改革不断深化的时代背景，家庭农场绿色生产制度是实现农业绿色生产和农产品质量提升的制度法宝，家庭农场绿色生产制度的完善关系到我国农业现代化和生态环境改善的效果和进度。研究家庭农场绿色生产制度，是对我国家庭农场本身和农业绿色生产发展的一种前瞻性的探索，同时能够更加科学地制定和完善家庭农场绿色生产制度，能够更加有效地克服市场失灵和运用宏观政策，实现资源的优化配置，从而推进我国农业高质量发展及生态文明的建设进程。

1.2 文献综述

1.2.1 家庭农场相关研究

（1）家庭农场基本内涵研究

国外关于家庭农场研究较早，也较为成熟。关于家庭农场产生和发展的原因，Mann 和 Dickinson（1978）提出家庭农场的产生和发展由多种因素共同作用，一是农产品的特点，时效性强无法长期保存；二是劳动力的特点，除家庭成员外还需要雇佣其他劳动力；三是追求更大经济效益的理性推动[1]。在家庭农场组织形式方面，多数学者认为家庭农场具有企业的特征。Schultz（1965）就认为家庭农场主是理性人，生产经营的目的是追求利润的最大化，故农场主与资本家本质类似[2]。Raup（1986）则针对家庭农场的企业特点，提出家庭农场不仅拥有丰富的生产投入要素，能够合理地进行

---

[1] S. Mann, James M. Dickinson, "Obstacles to the Development of a Capitalist Agriculture", The Journal of Peasant Studies, 4 (1978).

[2] Theodore W. Schultz, Economic Crises in World Agriculture, An Arbor: The University of Michigan Press, 1965.

资源配置，同时根据生产经营的需要可雇佣劳动力为其劳动[1]。总体来看，国外学者普遍将家庭农场看做农业企业，并且家庭经营仍然是家庭农场的核心内容。

目前，我国学者对家庭农场内涵的研究较为丰富。第一，经济学界对家庭农场的内涵进行了丰富的探讨。王振等（2017）从现代农业的发展特点探讨家庭农场的内涵，家庭农场通过规模经营、集约化生产将农产品转化为商品，创造经济利润转化为家庭收入，并且这个收入水平应当保持在一个较高的程度，从而保证家庭经营的稳定性和持续性[2]。学者不仅将家庭农场看作是家庭经济来源的经营主体，更将其作为具有现代农业发展特征的重要农业经营主体。这与农业农村部印发的《关于促进家庭农场发展的指导意见》（2014年）中对家庭农场内涵的表述内容高度吻合。可见，规模化、商品化和集约化生产特点与家庭经营的融合是家庭农场内涵的集中体现。

第二，法学界则对家庭农场的法律地位进行了探讨，但观点不一。沈月娣（2014）认为应将家庭农场定位为企业法人，这是因为企业法人的属性特征能够满足家庭农场的发展需求，同时也能够与家庭农场的属性相契合[3]。贾超翔和张新民（2014）则认为非法人组织是家庭农场适宜的法律地位，二者在主体的独立方面具有高度共同点，包括名称的独立、决策的独立以及财产的相对独立等方

---

[1] Philip M. Raup, Family Farming: Rhetoric and Reality, Minneapolis: Department of Agricultural and Applied Economics, University of Minnesota, 1986.

[2] 王振、齐顾波、李凡："我国家庭农场的缘起与发展"，载《西北农林科技大学学报（社会科学版）》2017第2期。

[3] 沈月娣："我国家庭农场的商事主体地位研究"，载《浙江师范大学学报（社会科学版）》2014第5期。

面[1]。马治国和李鑫（2020）认为家庭农场可灵活选择适合自身发展实际的组织形式，是作为非法人组织的个人独资企业和合伙企业，还是作为法人的有限责任公司，家庭农场可自由选取[2]。贺茜（2019）更是扩展了家庭农场组织形式的选择范围，认为几乎所有的组织形式均可自由选择，这也就意味着家庭农场的法律地位也具有灵活性，可根据其选择的组织形式确定其法律地位[3]。

第三，学者们针对家庭农场的性质也进行了丰富探讨。一方面，从人类历史发展来看，家庭属于经济组织，而且具有降低分工经济中的交易费用功能。陈纪平（2008）直接指出家庭组织是一种交易费用较低的经济组织，这是由于家庭成员之间具有血缘关系，而这种血缘关系越亲近，交易费用就越低。因此，家庭农场家庭经营的特点就是交易成本较低的原因[4]。另一方面，农业生产明显的季节性和高度风险性的特点，决定了其需要高度责任感的组织。贺佳（2019）提出面对日益激烈的农产品市场竞争，我国农业更需要走精细化发展道路，精细化的耕作需要紧密的团队合作，才能降低合作成本[5]。农业生产活动的季节性和高度风险性客观上适应于家庭成员为主要劳动力的生产组织，家庭成员之间无间隙信任和分工配合，才能适应农业的生产、加工、运输、销售等一系列链条式的活动。通过对上述观点的梳理，家庭农场是具有高度责任感、

---

[1] 贾超翔、张新民："论家庭农场的法律地位"，载《宁夏社会科学》2014年第5期。

[2] 马治国、李鑫："家庭农场立法构造研究"，载《广东社会科学》2020年第4期。

[3] 贺茜："家庭农场商事主体资格的建构"，载《西北农林科技大学学报（社会科学版）》2019年第2期。

[4] 陈纪平："家庭农场抑或企业化——中国农业生产组织的理论与实证分析"，载《经济学家》2008年第3期。

[5] 贺佳："走精细化特色化现代农业发展之路"，载《湖南日报》2019年10月28日，第3版。

与农业生产季节性和生物性的特点相契合的经济组织。家庭农场的性质维度如图 1-1 所示。

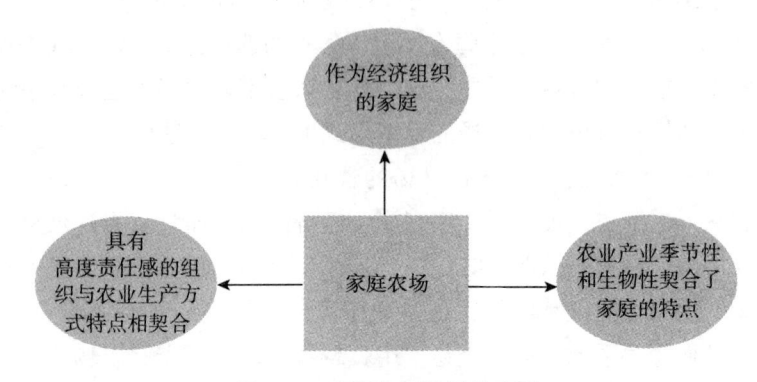

图 1-1　家庭农场性质维度图

第四，学者们通过与其他经营主体的比较充分探讨了家庭农场的特征。胡伟宏（2013）认为家庭农场具有专业大户所不具备的优势特征：家庭农场可通过工商登记注册成为合法的市场交易主体，能够与交易对方建立商业往来由此获得更多的订单，实现其商品化经营[1]。关于家庭农场与农业专业合作社的关系，郭亮和刘洋（2015）提出农民专业合作社是一种农户合作互助组织，但并不直接从事农业生产，而家庭农场是一种生产主体[2]。邹心平（2017）认为家庭农场可看做特殊的农业企业，因为家庭农场以家庭成员作为主要劳动力，而农业企业却没有此特点。因此，家庭农场可以看

---

[1]　胡伟宏、陈亚萍、祁伯灿："慈溪家庭农场走过十二年"，载《农村经营管理》2013 年第 4 期。

[2]　郭亮、刘洋："农业商品化与家庭农场的功能定位——兼与不同新型农业经营主体的比较"，载《西北农林科技大学学报（社会科学版）》2015 年第 4 期。

做是特殊的农业企业,并且其特殊点也正是其优势所在[1]。家庭农场与其他农业经营主体比较如图1-2所示。

通过对国内外学者关于家庭农场内涵的研究进行梳理,本书将家庭农场的内涵界定为:家庭农场是具有家庭经营与企业经营双重属性的、从事规模化、集约化及商品化农业生产经营的经济组织。

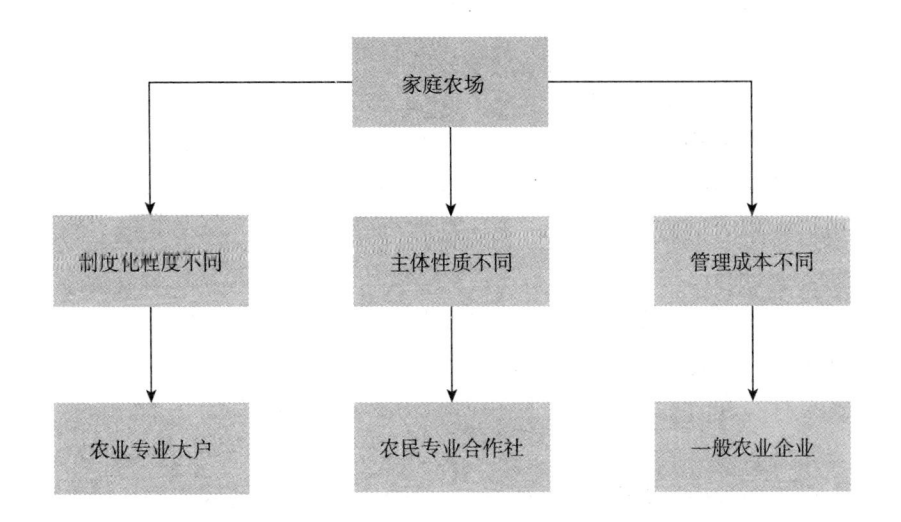

```
                      家庭农场
           ┌─────────────┼─────────────┐
           ↓             ↓             ↓
      制度化程度不同   主体性质不同   管理成本不同
           ↓             ↓             ↓
      农业专业大户   农民专业合作社   一般农业企业
```

图1-2　家庭农场与其他农业经营主体比较如比较图

(2) 家庭农场生产经营的效应评价及影响因素研究

国内外学者针对家庭农场的生产经营效应进行了丰富研究,同时就影响其效应的多种因素进行了细致而具体的分析。

国外学者就家庭农场的生产经营效应评价及其影响因素进行了充分研究。在家庭农场生产经营的效应评价方面,Manevska

---

[1] 邹心平:"论家庭农场在新型农业经营体系中的主体地位",载《求实》2017年第2期。

（2011）等评价家庭农场生产效应采用的方法是DEA-Tobit两阶段分析法[1]。Alam（2014）等评价家庭农场绿色生产经营效应运用的则是随机前沿生产函数模型，并实证研究得出，家庭农场生产经营规模及其政策法律制度以及自有劳动力的增长能够促进家庭农场生产经营效应的提升[2]。然而，有学者认为并不是经营规模越大，家庭农场生产经营效率越高。Seckler（1978）认为家庭农场生产经营效应与其发展的制度环境及农场主自身经营管理具有重要关系，而与经营规模则不具有直接关联[3]。

国内学者对家庭农场生产经营效应进行测度评价，并从多个方面对其影响因素进行分析。陈澳等（2021）评价家庭农场生产经营效应采用的是数据包络分析（Data Envelopment Analysis，DEA）方法，通过测度发现家庭农场经营效应欠佳，并且与地区经济发展水平、农场主个人素质以及农业技术培训的程度密切相关[4]。通常认为，农业技术对于家庭农场生产经营效应的影响较大。郭熙保和龚广祥（2021）采用OLS回归模型实证分析得出采用技术的程度对家庭农场生产经营效应影响为正向，同时农场主综合素质越高，正向影响越为显著[5]。蔡荣等（2019）从具体的技术内容来分析

---

[1] Gordana Manevska-Tasevska, "Efficiency Analysis of Commercial Grape-Producing Family Farms in the Republic of Macedonia", Uppsala: Dept. of Economics, Swedish University of Agricultural Sciences, (2012).

[2] Mohammad Jahangir Alam, Ismat Ara Begum, Sanzidur Rahman, "Tracing the Impact of Market Reform on Productivity Growth of Rice at the Farm Level in Bangladesh", Journal of the Asia Pacific Economy, 3 (2014).

[3] David Seckler, Robert A. Young, "Economic and Policy Implications of the 160-Acre Limitation in Federal Reclamation Law", American Journal of Agricultural Economics, 4 (1978).

[4] 陈澳、栾敬东、秦江城："种植型家庭农场的经营效率测度分析——基于安徽省352个家庭农场数据"，载《云南农业大学学报（社会科学）》2022年第2期。

[5] 郭熙保、龚广祥："新技术采用能够提高家庭农场经营效率吗？——基于新技术需求实现度视角"，载《华中农业大学学报（社会科学版）》2021年第1期。

其对家庭农场生产经营效应的影响，如测土配方技术以及节水灌溉技术均能够提高家庭农场生产效应[1]。一般情况下，稳定的土地和其他物力投入有利于家庭农场的稳定发展，靳欣婷等（2021）通过研究发现固定且较长的土地流转年限以及自有农业机械对家庭农场生产效应的提升具有正向促进作用[2]。孙新华（2013）则针对劳动力的结构对家庭农场生产效应的影响展开研究，认为随着雇工人数的增加，投入成本也随之增加，不利于家庭农场生产效应的提升，故应合理控制雇工的数量[3]。故通过以往研究可见，学者对我国家庭农场的生产经营效应进行了丰富的研究，并对其影响因素进行了深入的分析。

（3）家庭农场发展趋势及制度研究

关于家庭农场的发展，学者普遍对家庭农场生产的经济效应和生态效应持肯定态度，并认为应当继续完善其制度环境。杜志雄（2019）提出家庭农场在符合现代农业发展特征的同时，在农业绿色生产方面也具有独特优势[4]。何秀荣（2020）也认为家庭农场的发展是提升农民收入的有效途径，这也是国内外家庭农场发展的共同趋势[5]。关于家庭农场制度的研究方面，曾玉荣（2015）认为促进家庭农场的发展需要在明确家庭农场主体性质的同时，完善

---

[1] 蔡荣、汪紫钰、杜志雄："示范家庭农场技术效率更高吗？——基于全国家庭农场监测数据"，载《中国农村经济》2019 年第 3 期。

[2] 靳欣婷、孟志兴、孟会生："土地流转年限对家庭农场农业综合效率的影响路径研究"，载《农学学报》2021 年第 8 期。

[3] 孙新华："农业经营主体：类型比较与路径选择——以全员生产效率为中心"，载《经济与管理研究》2013 第 12 期。

[4] 杜志雄："把家庭农场培育成高质量的新型农业经营主体"，载《农村经营管理》2019 年第 11 期。

[5] 何秀荣："加快培育发展家庭农场——《新型农业经营主体和服务主体高质量发展规划（2020-2022 年）》解读"，载《中国农业文摘-农业工程》2020 年第 3 期。

其市场准入制度、科技扶持制度等，而对其进行立法是重要路径[1]。肖化柱（2017）针对健全家庭农场的主体制度提出了具体建议，包括法律主体、市场主体以及经营主体的规范[2]。何劲（2018）认为我国农业要实现现代农业的发展目标，制度环境的优化至关重要，尤其对于当前处于初级阶段的家庭农场而言，制度环境的优化更为关键[3]。

1.2.2 家庭农场绿色生产相关研究

家庭农场作为农业生产经营主体之一，故家庭农场绿色生产研究与农业绿色生产的相关研究在诸多方面存在包含与被包含的关系，比如绿色生产的内涵、绿色生产的效应评价及其影响因素等方面均存在共性，故家庭农场绿色生产的相关研究也涉及许多农业绿色生产的研究成果。

（1）农业绿色生产基本内涵研究

关于农业绿色生产，学者们进行了丰富的探讨。有学者从农业生产的宏观方面进行论述，谭秋成（2015）认为采用绿色生产技术进行农业生产，能达到农业产出质量与数量的双提升，达到经济效应与生态效应的双提升[4]。与之相反，李明月和陈凯（2020）认为精耕细作对于资源环境的保护更加有效，也更加符合绿色生产的可持续发展要求[5]。还有学者将农业绿色生产具体到微观农户，

---

[1] 曾玉荣："家庭农场经营效率分析与制度优化研究——以福建为例"，福建农林大学2015年博士学位论文。

[2] 肖化柱："我国家庭农场制度创新研究"，湖南农业大学2017年博士学位论文。

[3] 何劲、祁春节："家庭农场产业链：延伸模式、形成机理及制度效率"，载《经济体制改革》2018年第2期。

[4] 谭秋成："作为一种生产方式的绿色农业"，载《中国人口·资源与环境》2015年第9期。

[5] 李明月、陈凯："农户绿色农业生产意愿与行为的实证分析"，载《华中农业大学学报（社会科学版）》2020年第4期。

第1章　绪论

何悦（2019）认为农户进行农业生产应当减少农业化学品包括化肥、农药等的投入，运用绿色生产技术进行科学、精准施肥施药，增加优质农产品的供给[1]。越来越多的学者将农业绿色生产与农产品质量安全及农业生态环境相结合进行研究。尹昌斌等（2021）将农业绿色生产与农产品质量安全相结合，提出"三品一标"要得以健康发展，农业绿色生产技术的不断创新与培训必不可少；李昊（2018）将农业绿色生产与环境保护相结合，提出农业绿色生产的发展有利于节约资源与保护环境[2]。许多学者通过农业绿色生产的制度环境因素来分析，石志恒和张衡（2021）通过研究发现农业绿色生产方式的选择及实施与制度环境密不可分[3]。综合已有研究，本文认为农业绿色生产是指农业生产者为了实现农业可持续发展实施的一种生产行为，在减少环境污染和资源浪费的同时，还能在维持农业粮食产值和农产品质量安全方面发挥积极作用，进而提升经济效应及生态效应。

根据农业绿色生产的内涵论述，本研究中家庭农场绿色生产指在家庭农场的生产环节，采用绿色生产方式，将提升绿色生产水平与提高农业产值相结合，促进经济效应和生态效应的双提升，从而推动农业的可持续、高质量发展。具体体现在，一是化学品投入方面，应做到绿色施肥和绿色施药，包括数量的控制和质量的提升；二是农业废弃物的处理方面，应做到秸秆和农膜的无害化处理及循环利用；三是农产品产出方面，争取提高"三品一标"认证率，进而提升经济效应和生态效应。

---

[1] 何悦："农户绿色生产行为形成机理与实现路径研究——基于川渝柑橘种植户化学品投入的实证"，四川农业大学2019年博士学位论文。

[2] 李昊等："中国农户环境友好型农药施用行为影响因素的Meta分析"，载《资源科学》2018年第1期。

[3] 石志恒、张衡："社会规范、环境规制与农户施肥行为选择研究"，载《中国农业资源与区划》2021年第11期。

(2) 家庭农场绿色生产实践及制度研究

学者大多结合家庭农场绿色生产的特点来探讨家庭农场绿色生产的影响因素及影响方向。赵昶和孔祥智（2021）认为家庭农场绿色生产与经营规模具有正向关联。通过采用 Probit 模型实证得出经营规模越大，化肥减量施用越明显，家庭农场绿色生产的生态效应越好的结论[1]。汪普庆等（2017）认为家庭农场绿色生产与其经济收入的水平分不开，经济收入越高的家庭农场越具有更充足的资金采纳绿色生产技术，从而提升绿色生产水平[2]。杜志雄和金书秦（2021）进一步提出现阶段农业绿色生产的重点培育对象应为家庭农场，通过发挥家庭农场在农业绿色生产中的引导示范效应来推动其他经营主体以及我国农业整体的绿色生产水平，发展绿色高质量农业[3]。可见，学者们通过理论和实证研究认为，家庭农场的经营特点符合农业绿色生产的条件，能够作为我国农业绿色生产的领头军。

学界除了对家庭农场绿色生产予以肯定外，也对家庭农场绿色生产制度进行了相关研究。新制度经济学认为，制度是影响生产经营活动的重要因素，经营者在制度环境下追求生产经营的利润最大化。马治国和李鑫（2020）在分析了当前家庭农场制度现状的基础上，提出主体法律制度的不完善限制了家庭农场的发展，针对家庭农场立法的缺失，制定专门的家庭农场法律是应有之义[4]。学者

---

[1] 赵昶、孔祥智、仇焕广："农业经营规模扩大有助于化肥减量吗——基于全国 1274 个家庭农场的计量分析"，载《农业技术经济》2021 年第 4 期。

[2] 汪普庆等："家庭农场农产品质量安全控制行为的影响因素研究——基于武汉市调查"，载《农林经济管理学报》2017 年第 5 期。

[3] 杜志雄、金书秦："从国际经验看中国农业绿色发展"，载《世界农业》2021 年第 2 期。

[4] 马治国、李鑫："家庭农场立法构造研究"，载《广东社会科学》2020 年第 4 期。

进一步对家庭农场绿色生产的正式制度与非正式制度进行研究，罗岚等（2021）认为在完善家庭农场绿色生产制度时，除了重视正式制度外，还应将两种制度进行综合运用，优化配置发挥制度环境的促进作用[1]。

当然，正式制度对家庭农场绿色生产的作用更为显著，学者针对正式制度进行了更为丰富的研究。陆杉和李丹（2018）认为应重视政府支持制度，这是由于政府能通过制度的构造、物质的激励对生产经营主体的经营理念等方面施加影响，从而规范家庭农场绿色生产行为[2]。赵昶等人（2021）从家庭农场绿色生产的多重制度供给提出建议，包括土地流转制度、农业技术、资金以及社会化服务等支持力度，实现家庭农场生产的绿色化转型[3]。张笑寒和汤晓倩（2021）的研究表明政府激励制度有利于推动龙头企业、农民专业合作社、家庭农场主体的绿色生产[4]。张建杰等（2021）通过专门针对家庭农场发展的监测数据来分析我国家庭农场的绿色生产现状及其特点，得出家庭农场经营者的内在个人素质以及政策法律的外部制度环境均会影响家庭农场绿色生产的发展水平和发展质量[5]。此外，杜志雄和金书秦（2021）对国外家庭农场绿色生产相关制度进行研究发现，推动农业绿色生产的成功转型，需综合运用各项政策工具，包括法律制度、专项行动、技术创新推广等，将

---

[1] 罗岚等："认知规范、制度环境与果农绿色生产技术多阶段动态采纳过程——基于 Triple-Hurdle 模型的分析"，载《农业技术经济》2022 年第 10 期。

[2] 陆杉、李丹："基于利益博弈的农业产业链绿色化发展研究"，载《中南大学学报（社会科学版）》2018 年第 6 期。

[3] 赵昶、孔祥智、仇焕广："农业经营规模扩大有助于化肥减量吗——基于全国 1274 个家庭农场的计量分析"，载《农业技术经济》2021 年第 4 期。

[4] 张笑寒、汤晓倩："农业产业化联合体参与主体的绿色生产行为研究——基于政府激励视角"，载《农林经济管理学报》2021 年第 2 期。

[5] 张建杰等："家庭农场绿色生产行为选择及其区域比较研究"，载《农业经济与管理》2021 年第 1 期。

其作为一个整体的制度环境来推动家庭农场的绿色生产[1]。

（3）农业绿色生产的生态效应评价方法及评价指标研究

由于生态效应不像经济效应一般可由某一指标直接反映，故学者们针对农业绿色生产的生态效应研究的评价方法主要有参数估计法和非参数估计法。同时，农业绿色生产的生态效应评价方法及其指标，对家庭农场绿色生产的生态效应评价也同样适用。崔晓、张屹山（2014）采用非参数估计法的数据包络分析方法评价农业生产的生态效应，分析农业生产的生态效应变化的内在机制[2]。陈军民（2017）在采用数据包络分析方法评价家庭农场生产效应的基础上，利用 Tobit 模型针对制度对家庭农场生产效应的影响进行了分析[3]。叶初升、惠利（2016）通过 SBM 模型对农业绿色生产的效应进行了评价[4]；肖锐和陈池波（2017）则采用 GML 指数法对农业绿色生产效应进行了评价测度[5]。从上述文献可以发现，对农业绿色生产生态效应的评价研究相当丰富。数据包络分析方法具有分析结果与投入及产出指标的单位无关、可以进行多输入及多输出评价等一系列优势，是研究考虑环境因素的农业生产效应问题的有力工具[6]。因此，本文将使用数据包络分析方法对我国家庭农场

---

[1] 杜志雄、金书秦：“从国际经验看中国农业绿色发展”，载《世界农业》2021年第2期。

[2] 崔晓、张屹山：“中国农业环境效率与环境全要素生产率分析”，载《中国农村经济》2014年第8期。

[3] 陈军民：“新制度经济学视角下家庭农场的生成及运行效率研究——基于河南省的调查"，沈阳农业大学2017年博士学位论文。

[4] 叶初升、惠利：“农业财政支出对中国农业绿色生产率的影响”，载《武汉大学学报（哲学社会科学版）》2016年第3期。

[5] 肖锐、陈池波：“财政支持能提升农业绿色生产率吗？——基于农业化学品投入的实证分析”，载《中南财经政法大学学报》2017年第1期。

[6] 魏权龄：《评价相对有效性的数据包络分析模型：DEA和网络DEA》，中国人民大学出版社2012年版。

绿色生产的生态效应进行评价。

关于效应评价指标，发达国家多采取施肥施药、生物多样性情况等指标综合评价农业绿色生产的生态效应[1]，我国学者采用不同的指标体系来评价农业绿色生产的生态效应。任运河（2006）根据农产品经历的不同阶段，从生产、加工、销售到售后等整个过程选取相应的指标来综合评价农业绿色生产的水平[2]。有学者具体从农业绿色生产方式的转变来评价农业绿色生产的生态效应。黄炎忠等（2017）直接选择典型农业绿色生产方式的良好表现来反映农业绿色生产的生态效应水平，比如施肥施药、节水灌溉、秸秆绿色处理、农膜绿色处理等[3]。由绿色生产方式的良好表现反映农业绿色生产的生态效应，具有可操作性，同时也能够真实、直接反映农业绿色生产行为产生的生态环境变化，本文评价生态效应即参考此套评价体系。

（4）农业绿色生产效应的影响因素研究

国外学者集中研究劳动力素质、土地规模及制度环境等对农业绿色生产效应的影响路径。劳动力素质作为农业生产经营中最重要人力资本因素，在影响农业生产效应中占据关键位置。Bravo等（1993）研究发现农业生产经营者自身的文化程度以及拥有资金的多少对农业生产效应具有关键影响[4]。Appleton（1996）进一步提出，受教育程度越高的农业生产者不仅能够及时获取各种农业生产

---

[1] Amare Haileslassie, et al. "Empirical Evaluation of Sustainability of Divergent Farms in the Dry Land Farming Systems of Indian", Ecological Indicators, 60 (2016).

[2] 任运河："山东省绿色农业评价指标体系研究"，载《经济社会体制比较》2006年第4期。

[3] 黄炎忠、罗小锋、李兆亮："我国农业绿色生产水平的时空差异及影响因素"，载《中国农业大学学报》2017年第9期。

[4] Boris E. Bravo-Ureta, António E. Pinheiro, "Efficiency Analysis of Developing Country Agriculture: A Review of the Frontier Function Literature", Agricultural and Resource Economics Review, 1 (1993).

资料、生产经营信息等方面的讯息,同时也能对各种信息、各项资源进行综合有效处理,从而为生产经营活动提供正确决策,提高生产经营效率[1]。除农业生产自身因素外,市场的外部环境,尤其是制度环境也是影响农业生产效应的重要因素。Daniel（2009）认为适当的政策法律制度对农业生产效应具有积极的促进作用,而不合理、不科学的制度则会抑制农业生产经营效应的提升,同时对资源环境造成不必要的浪费和污染[2]。Meredith 和 Willer（2014）认为法律制度对绿色农业的生产具有积极效果,并建议通过推动农业绿色生产的立法活动,以促进农业绿色生产的发展[3]。

除上述劳动力、土地及制度环境外,科技创新、政府补贴、农业保险等因素也是重要的影响因素。Horlings 和 Marsden（2011）提出农业绿色生产能够推动"绿色革命"的进程,而科技创新是推动农业绿色生产的关键动力[4];国外学者一致认为农业的绿色生产离不开农业保险的保障机制。Hiroki 和 Ashok（2012）进一步指出建立农业保险制度,方能切实发挥农业保险的保障作用[5]。纵观国外学者的研究,农业绿色生产效应的影响因素十分丰富。

我国学者关于农业绿色生产效应的影响因素研究也非常丰富。学者普遍认为土地、机械以及资本要素对农业绿色生产效应有积极

---

[1] Simon Appleton, Arsene Balihuta, "Education and Agricultural Productivity: Evidence from Uganda", Journal of International Development, 3 (1996).

[2] Daniel C. Monchuk:"中国农业生产非效率的影响因素分析",载《世界经济文汇》2009 年第 2 期。

[3] Stephen Meredith, Helga Willer, "Organic in Europe: Prospects and Developments", 2014, https//www.fibl.org/en/article/c/international - en/p/1634 - organic - europe.html.

[4] Lummina G. Horlings, Terry K. Marsden, "Towards the Real Green Revolution? Exploring the Conceptual Dimensions of a New Ecological Modernisation of Agriculture that Could 'Feed the World'", Global Environmental Change, 2 (2011).

[5] Hiroki Uematsu, Ashok K. Mishra, "Organic Farmers or Conventional Farmers: Where's the Money?", Ecological Economics, 3 (2012).

影响。肖锐和陈驰波（2017）认为财政支持能够有效提升农户的绿色生产效应[1]，李燕等（2018）认为农业保险也可以促进农户绿色生产效应的提高[2]。李思勉和何蒲明（2020）对我国三大粮食功能区的粮食绿色生产效应及影响因素进行了比较分析，研究表明粮食绿色生产效应的高低好坏与粮食种植规模、政策财政补贴金额以及粮食种植结构等因素均具有不同方向、不同程度的影响关系[3]。可见，财政补贴、农业保险等资本支持类的要素对农业绿色生产均具有正向作用，土地规模及农业机械对农业绿色生产效应也有重要影响。

除上述物力、资本方面的因素会影响农业绿色生产效应外，学者们还通过大量的研究发现经营者的个人特征及生产经营特征都会影响到农业绿色生产的效应。其中，经营者的个人特征中受教育程度、年龄以及性别影响较为显著。任重等（2016）通过实证分析得出，农业生产经营者的年龄和受教育水平对农业绿色生产效应均具有显著的正向促进作用，这是由于年龄越大，生产经营经验越丰富，对农业绿色生产的理解较为深入，也深知绿色生产对促进土地可持续生产的积极作用，会减少农业化学品的投入；而农业生产经营者受教育水平越高，对农业化学品的危害程度认知较高，能够主动降低化学投入品的使用频率[4]。除了基础的学历教育外，有学者指出专门的农业教育培训也非常关键。杨芷晴（2019）提出农业

---

[1] 肖锐、陈池波：ّ"财政支持能提升农业绿色生产率吗？——基于农业化学品投入的实证分析"，载《中南财经政法大学学报》2017年第1期。
[2] 李燕、成德宁、李朋：ّ"农业保险促进了农业绿色生产率提高吗"，载《贵州财经大学学报》2018年第6期。
[3] 李思勉、何蒲明：ّ"我国粮食绿色生产效率及影响因素研究——基于粮食功能区的比较分析"，载《生态经济》2020年第9期。
[4] 任重、薛兴利：ّ"粮农无公害农药使用意愿及其影响因素分析——基于609户种粮户的实证研究"，载《干旱区资源与环境》2016年第7期。

绿色生产水平的提升可以通过农民职业教育以及农业技能的培训得以实现[1]。

如上所述，经营者的个人特征对农业绿色生产效应具有显著的影响，农户或者农场的生产经营特征也是重要影响因素。诸培新（2017）通过研究发现土地经营规模与农业绿色生产水平之间呈正向影响，土地流转期限较长的农户或者农场，经营规模通常也较大，规模经营越为稳定，农业生产经营者的绿色生产水平就会更高[2]。然而，在生产规模与农业绿色生产效应的影响关系方面，有学者提出不同意见。杨钢桥（2010）就提出，农业生产经营者经营规模越大，追求利润最大的渴求越强烈，经营者可能会通过农药化肥等化学投入品的增加来实现更大的经济效应[3]。可见，在土地经营规模对农业绿色生产效应的影响方面存在不同见解。

此外，地区经济、社会等发展水平也会对农业绿色生产效应产生不同程度的影响。潘丹（2014）通过研究，指出农业绿色生产效应与地区经济发展程度、产业机构以及科技创新水平具有显著的正向影响关系，农业生产经营类别及其结构也是重要的影响因素[4]。

1.2.3 制度环境对农业绿色生产效应的影响研究

（1）制度环境的基本内涵

对制度内涵的明确能够更好地理解制度环境。托斯丹·邦德·凡勃伦（Thorstein Bunde Veblen）首次将制度作为科学研究的重要

---

[1] 杨芷晴："教育如何影响农业绿色生产率——基于我国农村不同教育形式的实证分析"，载《中国软科学》2019年第8期。

[2] 诸培新、苏敏、颜杰："转入农地经营规模及稳定性对农户化肥投入的影响——以江苏四县（市）水稻生产为例"，载《南京农业大学学报（社会科学版）》2017年第4期。

[3] 杨钢桥、靳艳艳："农地流转对农户农地投入影响的区域比较——基于江汉平原和太湖平原的实证分析"，载《中国人口·资源与环境》2010年第10期。

[4] 潘丹："考虑资源环境因素的中国农业绿色生产率评价及其影响因素分析"，载《中国科技论坛》2014年第11期。

研究内容之一，并对制度的概念进行了界定，其指出制度本质是人或社会的一种思想习惯。诺斯（1991）指出为了减少人们行为的不确定性及其交易费用，需要提供一系列的规则来供人们选择，同时也能够使人们的行为得到一定的约束，这就是制度。科斯（1994）提出在经济活动过程中，制度通过产权的界定及规则的调整能够促进交易的实现。

在对制度内涵研究的基础上，一般认为制度环境是指引经济活动主体进行生产、交换等的基本规则，具体内容表现为存在于日常生活中的法律、法规和习俗。制度安排则具体指某特定制度，其不受正规与否、长期与否等限制。可以说，制度环境是宏观的制度结构，它是由各项微观的制度安排组成的。由于作为研究对象的家庭农场绿色生产涉及的制度不可能为一项，故制度环境成为本论文的研究重点。Scott（1995）指出制度环境取决于相关政策规则、条款，组织只有严格按照规则、条款行事，才能够获得民众支持，其行为才符合法律规定[1]。传统发展经济学理论认为，制度环境反映了某国家或地区制度发展现状，是经济发展的外部环境，优越的制度环境能约束社会中不良行为，从而为经济发展、社会进步提供良好的制度支撑。朱红根和葛继红（2018）认为正式制度与非正式制度共同构成了制度环境，其中，非正式制度由乡村文化、传统习俗等构成，正式制度则由法律、法规构成。针对农业生产过程产生的环境污染，正式的制度具有较强的引导和约束作用，可通过其提高农户对绿色生产方式的采纳水平，进而转变生产方式，从事绿色生产[2]。李芬妮等（2019）则认为非正式制度存在于农户日常生

---

[1] W. Richard Scott. Institutions and Organizations, Thousand Oaks, CA: Sage, 1995.

[2] 朱红根、葛继红："政府规制对农业企业绿色创业影响的理论与实证——以江西省农业龙头企业为例"，载《华东经济管理》2018 年第 11 期。

产、生活中,在引导农户绿色生产行为采纳中发挥重要作用,其是正式制度发挥相关作用的补充[1]。

结合国内外对制度环境的研究,本书将制度环境的内涵界定为:生产经营主体所面临的各项正式与非正式制度安排构成的外部环境,包括经济、文化、政治等方面。由于研究精力有限,根据研究内容设计,本书所研究制度环境特指正式制度这一基本类型。而鉴于本书研究对象为家庭农场绿色生产,因此,本书中的制度环境具体指的是家庭农场绿色生产在生产经营过程中面临的与农业绿色生产密切相关的各项制度安排,包括相关法律、法规及政策性规范文件等。进一步对家庭农场绿色生产制度环境中的内容进行划分,可以分为激励型、约束型、引导型等[2]。不同维度的制度内容对家庭农场绿色生产的影响也会存在差异[3]。因此,结合本书研究对象的特点,家庭农场绿色生产的制度环境为与家庭农场绿色生产密切相关的命令型、激励型、引导型和能力建设型制度安排的总和,具体体现为涉及家庭农场及农业绿色生产的各项法律、行政法规、部门规章及政策性规范文件等形式。

(2) 制度环境对农业绿色生产经济效应的影响研究

第一,命令型制度对农业绿色生产经济效应的影响。不同学者关于命令型制度对农业绿色生产经济效应的影响研究有不同的结论,于艳丽(2020)通过实证研究发现,政府的保护规范不仅不能减少农药的使用量,而且还会减少农户的经济效应,这是因为政府规范保护政策部分内容具有约束性,降低了茶农种茶积极性,故产

---

[1] 李芬妮、张俊飚、何可:"非正式制度、环境规制对农户绿色生产行为的影响——基于湖北1105份农户调查数据",载《资源科学》2019年第7期。

[2] 罗岚等:"第三域:非正式制度与正式制度如何促进绿色生产?",载《干旱区资源与环境》2021年第6期。

[3] 童洪志、刘伟:"政策组合对农户保护性耕作技术采纳行为的影响机制研究",载《软科学》2018年第5期。

量降低[1]。而谢金华等（2020）通过调研湖北省农户的发展情况，发现政府的农地整治政策对农户绿色生产的经济效应具有积极的促进作用，并且该促进作用在新型农业经营主体主导模式下尤其显著[2]。

第二，激励型制度对农业绿色生产经济效应的影响。大多学者认为财政补贴政策会对农业绿色生产的经济效应具有正向促进作用。王承宗（2015）通过实证分析发现，财政补贴政策能够显著提升农户的经济收入水平[3]。Schmitz等（2010）认为财政补贴政策能够有力激发生产者扩大种植面积，实现粮食产量的进一步增长[4]。徐建军和星焱（2013）则从地区差异的维度分析了财政支农对不同区域粮食生产影响的差异，发现财政支农政策对农户粮食生产增收效应的发挥，在粮食主产区以及中东部地区更为显著[5]。还有部分学者提出财政补贴可能只会提升农户的收入，而并不一定会提升农业生产的产值。如黄季焜（2010）探究了财政补贴政策对农户粮食生产决策的影响，发现粮食补贴对农户粮食生产并不会产生显著影响，原因在于农户对农业补贴政策认知较低，对具体政策内容了解度不够[6]。

---

[1] 于艳丽："地理标志保护下茶农绿色生产行为及其收入效应研究——以茶农施药环节绿色生产为例"，西北农林科技大学2020年博士学位论文。

[2] 谢金华等："农地整治对农户收入和福祉的影响机理与实证分析"，载《农业技术经济》2020年第12期。

[3] 王承宗："中国财政支农支出对农民收入的动态影响"，载《河南农业大学学报》2015年第4期。

[4] AndrewSchmitz, Troy G. Schmitz, Frederick Rossi, "Agricultural Subsidies in Developed Countries: Impact on Global Welfare", Review of Agricultural Economics, 3 (2010), 416~425.

[5] 徐建军、星焱："财政支农粮食产出效应的区域比较研究"，载《财政研究》2013年第1期。

[6] 黄季焜："农产品供求视角下农业经济和政策前沿问题研究"，载《经济经纬》2010年第3期。

第三，能力建设型制度对农业绿色生产经济效应的影响。学者围绕技术相关制度对农业绿色生产的经济效应进行了较为广泛的研究。其中，部分学者研究认为农业技术制度能够提高其农业绿色生产的经济效应。曹铁毅等（2020）认为农业技术培训是提高经营能力的重要政策工具，并通过实证研究得出技术培训对农场收益具有显著的正向影响[1]。李想等（2014）运用农户微观调查数据，探究了信息化制度与农业生产收入两者的关系，得出信息化技术采用对农业生产收入有显著正向影响，且信息化制度的增收效在未来仍有较大提升空间[2]。

（3）制度环境对农业绿色生产的生态效应的影响研究

学者们研究了制度环境如何对农业绿色生产的生态效应发挥作用。罗岚等（2021）研究发现制度环境总体上正向调节认知规范与果农采纳绿色生产技术之间的关系，其中，政策型制度的激励和约束难以根本改变果农决策的初衷，而引导型制度起到关键性作用[3]。还有许多学者针对不同制度内容对农业绿色生产生态效应的影响进行了详细研究。

第一，命令型制度对农业绿色生产的生态效应的影响。石志恒和张衡（2021）通过研究发现命令性规范能促进农户采纳化肥替代技术，同时规范农户施用化肥的减量行为[4]。李太平等（2014）认为应当加快健全农残标准体系，发挥其对农户农药使用的引导和

---

[1] 曹铁毅、王雪琪、邹伟："经营规模、农业技术培训与家庭农场收入——基于江苏省的调查"，载《农业现代化研究》2020年第2期。

[2] 李想等："信息技术应用对农户农业经营收入的影响研究"，载《中国农业科技导报》2014年第1期。

[3] 罗岚等："认知规范、制度环境与果农绿色生产技术多阶段动态采纳过程——基于Triple-Hurdle模型的分析"，载《农业技术经济》2022年第10期。

[4] 石志恒、张衡："社会规范、环境规制与农户施肥行为选择研究"，载《中国农业资源与区划》2021年第11期。

第1章 绪论

规范作用[1]。然而，黄祖辉等（2016）认为有些法律制度可能会由于落实方面存在问题而影响规范农业绿色生产行为的效果[2]。

第二，激励型制度对农业绿色生产生态效应的影响。黄炜虹等（2017）通过实证分析，提出对农业生产废弃物绿色处理进行财政补贴会提高农户绿色处理废弃物的主动性，收入预期在上述影响过程中具有一定调节作用[3]。梁謇（2020）认为农业绿色生产行为还会受到贷款利率降低的激励作用[4]。但也有学者认为这种促进影响可能存在时间间隔[5]。示范区的设立也同样属于激励制度的表现，陆杉和熊娇（2020）通过研究设立示范区对农业绿色生产效应的影响，发现示范区能够有效激励农户绿色生产水平的提升，产生良好的生态效应[6]。

第三，能力建设型制度对农业绿色生产的生态效应的影响。现有研究认为，政府对农户进行的与农业绿色生产相关的教育、培训等，能够促进农户采纳农业绿色生产行为。Khan等（2015）认为农户的教育培训制度，有利于降低农户农业生产中化肥、农药的单位面积使用量[7]。Cranfield（2010）认为绿色技术可获得性，会

---

[1] 李太平、聂文静、蔡怡静：《食品中农药最大残留限量》新国标的安全风险分析"，载《管理现代化》2014年第5期。

[2] 黄祖辉、钟颖琦、王晓莉："不同政策对农户农药施用行为的影响"，载《中国人口·资源与环境》2016年第8期。

[3] 黄炜虹等："农户从事生态循环农业意愿与行为的决定：市场收益还是政策激励？"，载《中国人口·资源与环境》2017年第8期。

[4] 梁謇："我国绿色农业补贴政策体系建构研究"，载《行政论坛》2020年第1期。

[5] 叶初升、惠利："农业财政支出对中国农业绿色生产率的影响"，载《武汉大学学报（哲学社会科学版）》2016年第3期。

[6] 陆杉、熊娇："生态文明先行示范区的设立能否提高农业绿色效率？——基于湖南省的经验数据"，载《中南大学学报（社会科学版）》2020年第3期。

[7] Muhammad Khan, Hafiz Zahid Mahmood, Christos A. Damalas, "Pesticide Use and Risk Perceptions Among Farmers in the Cotton Belt of Punjab, Pakistan", Crop Protection, 1 (2015).

直接影响农户的决策[1]。

第四，引导型制度对农业绿色生产的生态效应的影响。黄祖辉等（2016）研究认为政府对农户进行的环保宣传、教育，能够增加农户对农业绿色生产重要性的认知，从而使农户意识到绿色生产行为的生态效益，促使农户采纳绿色生产行为[2]，李芬妮等（2021）通过实证研究发现引导型制度对农户绿色生产行为具有积极作用[3]。

1.2.4 文献评述

根据上述国内外学者针对家庭农场绿色生产及制度环境的相关文献，可以看出现有研究成果颇为丰富，为本研究奠定了基础。各领域的学者基于不同的研究视角和理论基础对制度环境、家庭农场绿色生产及其效应影响等展开了大量的研究，提炼出了很多有价值的观点和研究成果，为本书提供了很多理论依据和思考角度。

学者们一方面对家庭农场绿色生产和制度环境进行研究，发现家庭农场的经营特点符合农业绿色生产的条件，并且当前其绿色生产行为也较为普遍，适合成为推动我国农业绿色生产的主要力量。为了促进家庭农场绿色生产水平的提升，制度环境的整体提升非常必要，在农业绿色发展理念的导向下，不仅需要运用专门的政府专项计划行动，还需要运用法律法规来有力推动政策、规划的落实，制度内容方面重点促进农业绿色生产技术的创新与推广。另一方面对我国农业绿色生产的效应进行研究，内容包括生态效应和经济效应两部分。生态效应的研究则囊括了效应评价方法、评价指标以及

---

[1] John Cranfield, Spencer Henson, James Holiday. "The Motives, Benefits, and Problems of Conversion to Organic Production", Agriculture & Human Values, 27 (2010).

[2] 黄祖辉、钟颖琦、王晓莉："不同政策对农户农药施用行为的影响"，载《中国人口·资源与环境》2016年第8期。

[3] 李芬妮、张俊飚、何可："非正式制度、环境规制对农户绿色生产行为的影响——基于湖北1105份农户调查数据"，载《资源科学》2019年第7期。

效应的影响因素等问题。国外学者对影响农业绿色生产的因素进行了充分的研究，其中包括科技创新、农业保险、财政补贴以及农产品的认证监管等方面。国内学者的研究角度也非常广泛，从投入要素，包括农业机械、资金投入等对农业绿色生产的影响进行分析；从生产者个人特征，着重针对农业生产经营者的受教育程度和年龄等因素来研究其对绿色生产效应的影响程度；从生产经营特征，分析包括经营规模、土地流转期限等因素对农业的绿色生产起到的正向促进作用；还从农村经济发展、地区发展差异等角度对农业的绿色生产影响进行分析。

此外，学者基本肯定了良好制度环境对农业绿色生产的积极效应，不仅包括经济效应的提高，体现在农户（农场）收入和农户（农场）产值的增加，还包括绿色生产生态效应的提高，体现在绿色生产方式的提升，具体表现为在施肥量和农药使用量的减少、绿色生产技术的采纳以及废弃物资源化利用等方面。学者们还进一步分析制度环境对农业绿色生产的生态效应和经济效应的影响机理。同时，学者们针对制度环境的特征对其分类进行研究，发现命令型制度、激励型制度、能力建设型制度、引导型制度对农业绿色生产的效应存在差异，并提出了相应的制度完善建议。

现有研究虽然成果丰富，但仍存在一定的研究局限和完善空间。第一，已有文献多从普通小农户的角度研究农业绿色生产，而普通小农户无法作为我国农业绿色生产的中坚力量，从新型农业经营主体角度尤其是家庭农场绿色生产角度进行的相关研究则较为缺乏；第二，已有研究多侧重于分析农业绿色生产的生态效应，将绿色生产的生态效应与经济效应同时纳入研究的不多，而经济效应作为理性经济人生产行为的重要考虑因素，理应作为研究农业绿色生产效应的一个重要维度；第三，已有对农业绿色生产的研究偏重于农户特征、要素禀赋以及社会经济等方面，而较少关注制度环境对于农业绿色生产的作用。现有关于制度对农业绿色生产的影响研究多为针对某一制度安排的单一制度研究，宏观制度环境维度的研究则较为缺乏。现实中影响农业绿色生产的必然不仅是某一制度或者某一政策，而是整体的、宏观的制度环境，因此，研究制度环境对家庭农场绿色生产效应的影响很有必要。

本研究将立足于前人的研究成果，按照"制度供给—效应影响—制度优化"的逻辑框架，探讨现行制度环境如何对我国家庭农场绿色生产的生态效应和经济效应进行影响，进而提出优化我国家庭农场绿色生产制度环境的实现路径。基于农业农村部政策与改革司、中国社会科学院农村发展研究所的《中国家庭农场发展报告》(2015年~2019年) 调研数据，运用农业绿色发展理论、计划行为理论、非期望产出理论以及制度变迁理论，从命令型制度、激励型制度、能力建设型制度以及引导型制度等角度分析其对我国家庭农场绿色生产效应的影响机理，综合相关理论和实证结果，结合我国实际就优化我国家庭农场绿色生产的制度环境提出若干对策，从而为我国农业绿色生产的发展提供理论依据和对策参考，促进乡村振兴和生态文明的发展进程。

1.3 基本理论

传统的农业生产带来大量的非期望产出，造成生态环境污染，绿色生产成为现代农业的应有之义。家庭农场是现代农业的有生力量，而现有家庭农场绿色生产的制度环境无法有效推动农场主绿色生产行为的意愿和能力的提升，提高绿色生产的生态和经济效应。解决办法是通过优化制度环境，完善制度供给及调整制度结构，激发家庭农场从事绿色生产行为的积极性，从而提升家庭农场绿色生产的生态效应和经济效应，实现农业高质量发展的目标。

1.3.1 绿色生产的根本动因——非期望产出理论

非期望产出，也叫做非意愿产出等。Pittman（1983）首次提到这一概念，在其研究中，对于非期望产出的认知，包含了工业生产中，将 SO_2、悬浮固体颗粒等排放到大气的结果。而实际上，关于这一概念的界定以及相应的指标方面，国内外研究有着较大的差异，如 Smith（1990）从医疗领域开展研究，分析了药物所带来的副作用等，并将其看做是非期望产出；在国内研究中，企业管理方面，都是将产生的废弃物以及残次品作为企业生产中带来的非期望产出。总结来看，这些定义都有着一定的共性，也就是将非期望产出视为投入和产出过程中，所生成的非期望目标的产物。

在"褐色"经济的发展中，其主要的增长方式是实现产量的单纯增加，而没有对质量加以考量，也没有在全要素生产率中，将给环境带来的破坏影响加入评价体系。而在"绿色"增长方式的发展下，应该根据其提出的客观要求，在进行生态效应评价体系的构建中，加入非期望产出，从而使得对动态和静态绿色生态效应的评价更加准确。不过，传统评价模型没有将其纳入到测算量中，在生态效应评价方面，如何进行非期望产出的处理，成为主要的难点。在处理非期望产出方面，学者主要采用的数据处理方式有下面三类：一是将其看做投入要素，也就是不将其看做产出的部分，要求其具备生产函数；二是利用倒数来处理非期望产出，这保证了其原有的产出属性，而且也能够表现出其越小越好的原则；三是使用距离函数法，也就是一般采用 DEA 模型开展分析，设定方向后进行决策单元的改进，从而使得非期望产出减少，能够在一定程度上改进前两种方法的弊端。

家庭农场作为农业经营主体不断发展，在追求农业产值的同时，也会不可避免地带来非期望产出，包括农药化肥的残留物、农膜废弃物、秸秆废弃物等非期望产出,这部分产出的增加并非农场主所期望的。因此,对农业绿色生产水平的测度相对而言比较的复杂,再加上相关数据的获得难度大,在第3章则是基于减少污染、实现生态效应提升为原则,选择了节能节水的生态效应[1]角度出发,以节水灌溉率和农药、化肥、农膜、测图配方施肥和秸秆回收处理6个指标对我国家庭农场绿色生产的生态效应进行评价,分析现有制度环境下家庭农场绿色生产的水平。

1.3.2 家庭农场绿色生产的行为机制——计划行为理论

计划行为理论(Theory of Planned Behavior,TPB)认为行为信念和个体行为表现出了非常紧密的关联,从行为信念的理解上分析,是指对于所执行的行为,个体产生的结果上的预期。在环境变化下,行为个体的行为信念也会变动。不过,从行为的发生来看,只有很少的行为信念成为个体认可的部分,而这类起着决定性作用、被行为人认可的信念则为突显信念。计划行为理论中所包含的行为态度,其实也就是一类行为信念,而另外的一个维度主观规范,是一类规范信念。另外,知觉行为控制则是一类控制信念。在内外因素作用下,才会产生个体行为,而这些因素带来的影响路径为"内外部因素→行为信念→行为感知→行为意愿→行为"。而对于知觉行为控制来讲,其一方面能够对主体经验做出相应的反应,而且也能够对阻难行为的预期做出反应,所以,能够在对主体控制能力方面的测量上使用知觉行为控制这一因素。从其控制真实程度方面,其能够对行为发生带来直接的影响[2]。在整个模型中,该理论对应的逻辑框架如图1-3所示。

---

[1] 郝春、仲亚东:"资源节约型农业的评价指标体系及政策研究",载《中国农业大学学报》2009年第3期。

[2] 段文婷、江光荣:"计划行为理论述评",载《心理科学进展》2008年第2期。

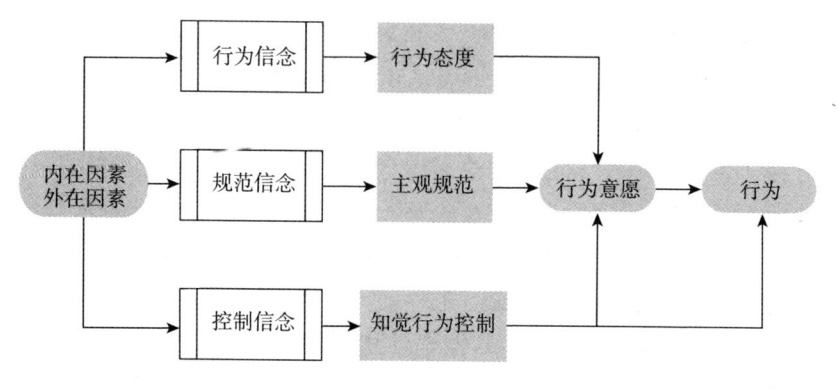

图1-3 计划行为理论（TPB）的逻辑框架

计划行为理论在产生发展过程中，得到了不少学者的研究和不断的应用，这主要是由于其框架比较清晰，而且适用性也比较强。当前，在各个行为领域中，国内外大量学者都使用这一理论开展了分析，并且成果比较丰富。在当前背景下，家庭农场绿色生产其实就是为了实现最大化的生产效应，不过，有不少因素影响着这种效应，通过对各类因素评价后，农场主才会做出行为选择。从计划行为理论来看，农场主所表现出来的绿色生产意愿，其实会直接影响到家庭农场的绿色生产行为。而相应的行为态度、知觉行为控制以及主观规范则是影响绿色生产行为的三个方面。在行为态度方面，对于农业绿色生产，各个农场主态度不一，主要取决于其政府关联、知识能力等方面有更高的知识水平，了解更多的市场需求，得到了政府更多的支持，农场主也就会更加倾向于采用绿色生产。而在主观规范方面，一是示范性规范，这是其他示范户带来的，农场主一般都需要参考周围其他农户，并利用互相交流的方式获取更多的生产方式信息。若在沟通中，周围农户采用的是绿色生产，则会影响到其对绿色生产的感官，从而使其也更加偏向采用这一生产方式。二是指令性规范，其通常产生于农技员或者是政府，而农技员其实也就是政府代表人,因此,指令性规范来自政府,政府利用各种宣传手段和优惠政策,促进农场主开展绿色生产,就形成了指令性规范,使得农场主更加偏向于这种生产方式。而在知觉行为控制方面,表示的是农场主感知开展绿色生产行为所存在的困难情况。若对于绿色生产,农场主有着清晰认知,而且非常了解市场需求情况,并有着政府方面的支持和引导,则他们就会认为绿色生产行为的实施并不是非常困难,从而更愿意实施这一行为。

所以,本书的第4、5章根据计划行为理论,从外在因素,即家庭农场绿色生产的制度环境如何影响家庭农场经营者的行为意愿,进而影响其绿色生产行为,进行充分探讨,深入分析制度环境对家庭农场绿色生产效应的影响机理。

1.3.3 家庭农场绿色生产的制度推动——制度变迁理论

制度变迁以诺思经典定义来看,表示的是"制度随着时间的推移而不断打破不断更新的动态过程"[1],"是对构成制度框架的规则、准则和实施的组合所作的边际调整"[2]。制度变迁的内涵可以从多个维度进行探讨:一是制度变迁的内容维度,制度变迁往往与经济社会的交易过程相关,故制度变迁的内容也就是制度的交易更迭;二是制度变迁的过程维度,制度变迁是一种生产过程,是追求效益更高制度的生产过程;三是制度变迁的结果维度,从一般情况来看,制度变迁往往是效益更高的制度取代了效益较低的制度[3]。因此,制度变迁与创新的前提是制度的需求。根据制度经济学中以诺斯为代表的制度变迁理论,当制度供给无法满足制度需求时,便会发生制度变迁。针对制度需求的变化和更迭,不断进行与之适应

---

[1] [美]道格拉斯·C.诺思:《经济史中的结构与变迁》,陈郁等译,上海三联书店、上海人民出版社1994年版。

[2] [美]道格拉斯·C.诺思:《制度、制度变迁与经济绩效》,杭行译,格致出版社、上海三联书店、上海人民出版社1994年版。

[3] 卢现祥:《西方新制度经济学》,中国发展出版社2003年版。

的制度更新。随制度需求的变化，制度供给不断调整和完善，从而使得制度整体朝着预期发展。

我国家庭农场制度生成，其实就是一种农地制度变迁所带来的结果。家庭农场制度的创造和扩散是由政府、社会等设计规制并推广，从而完成了上下需求结合的发展模式变化，从交易成本节约的方面，推动着家庭农场制度的变化和完善。同理，家庭农场绿色生产制度需要变迁的原因在于，现有制度环境无法满足家庭农场绿色生产健康发展的需求，因此，需要通过探讨制度环境对家庭农场绿色生产的影响机理和作用路径，从而得到制度环境优化的方向和路径，优化制度供给。本书的研究中，将制度变迁理论作为通篇的研究基石，第2章根据制度变迁理论围绕家庭农场绿色生产制度供给现状进行分析，第3章针对制度环境影响家庭农场绿色生产效应进行了理论分析，第4、5、6章重点探讨制度环境对家庭农场绿色生产经济效应和生态效应的影响机理，进而第7章提出制度环境优化的对策建议。

1.3.4 家庭农场绿色生产的战略目标——农业绿色发展理论

资源环境等生态问题日益突出，由此可持续发展理念以及绿色、低碳的发展方向成为应有之义。绿色发展以提升经济效益为基础，以建立绿色产品市场以及相应的消费和投资行为为目标，确保经济发展不再依赖于环境损害以及碳排放等，涵盖经济、社会和环境等系统。绿色发展理论也是经过长时间的发展而不断完善。

马克思主义在农业绿色发展方面就有很深刻的论述。对于可持续的绿色生态农业，马克思强调了科学技术与自然环境的合理结合以及农业发展对于农民本身发展的重要意义。马克思主义的农业绿色发展思想为农业可持续发展理论提供了丰富而深刻的借鉴。可持续发展理论的核心就是对于人类活动、经济发展和自然环境都有着可持续的承载力[1]。在马克思农业绿色发展思想的影响下，中华

---

[1] 牛文元："可持续发展理论的内涵认知——纪念联合国里约环发大会20周年"，载《中国人口·资源与环境》2012年第5期。

人民共和国自成立以来就非常关注农业的绿色发展。随着经济实力的整体增强以及社会文化程度的不断提升，我国对农业绿色发展更为重视。尤其是习近平总书记提出的"金山银山"理论，暗示了绿色发展对于经济增长的促进作用，这一点在我国农业实现生态效应和经济效应的共同促进上具有纲领性的重大指导意义[1]。农业绿色发展的理论一直得到高质量的创新与发展，农业绿色发展的实践也存在程度与水平的不断进阶。第一个阶段为减少污染，第二个阶段为提升农产品质量，第三个阶段为循环优化，获取良好的经济效益的同时提升生态效应。[2]

农业绿色发展与农业的高质量发展、可持续发展三者在内在要求方面具有高度一致性，不仅要求生产经营过程的绿色环保，也要求农产品质量的安全优质，即既重视过程又关注结果的双重要求。[3]家庭农场对农业绿色生产的发展意义重大，其绿色生产水平的提高有益于农业生态环境质量和社会福利水平的提升，及其农业的可持续发展。从经济方面分析，通过绿色生产，能发展家庭农场，市场上关于绿色农产品的需求不断增加，而供给量仍然较小，此时相较于普通农产品，其价格有着较大的提升，所以单位产量所带来的利润更高，由此获得的经济效益更大。而从生态方面分析，通过绿色生产，能够在保护生态和自然资源的同时，促进可持续发展。而在社会方面来分析，随着人们对食品安全的更加重视，通过绿色生产满足消费者的食品安全需求，有利于实现社会的稳定发展。可见，家庭农场绿色生产的发展对我国农业高质量发展以及我国经济、生态和社会的可持续发展都有着重要的战略意义。

---

[1] 秦书生、杨硕："习近平的绿色发展思想探析"，载《理论学刊》2015年第6期。

[2] 金书秦、牛坤玉、韩冬梅："农业绿色发展路径及其'十四五'取向"，载《改革》2020年第2期。

[3] 马骏等："绿色金融、普惠金融与绿色农业发展"，载《金融论坛》2021年第3期。

1.4 研究思路及研究方法

1.4.1 研究思路

提升我国家庭农场绿色生产水平是推动我国农业高质量发展的重要内容，不断完善优化家庭农场绿色生产制度环境，提高农业绿色生产水平，有利于推进我国农业高质量发展和生态文明建设的进程。通过融合法学和经济学等学科知识，本书围绕制度环境对家庭农场绿色生产的效应分析及优化路径这一课题进行研究分析。

（1）文献综述和理论基础

重点围绕家庭农场绿色生产以及制度环境的相关研究成果进行梳理，总结前人研究成果以期为后文的研究提供理论基础。通过对相应的文献和理论进行梳理，深刻理解优化当前家庭农场绿色生产制度环境的必要性。同时，从法学角度对家庭农场的基础理论进行探讨，只有明确界定家庭农场的法律地位、清晰界定家庭农场内部的法律关系，才能为家庭农场绿色生产制度的有效落实打下基础，从而实现制度环境对家庭农场绿色生产的积极效果。

（2）对我国家庭农场绿色生产的现状及制度供给现状进行梳理

通过对我国家庭农场绿色生产的实践进行梳理，理清我国家庭农场绿色生产的发展状况及其发展困境；接着对家庭农场绿色生产制度供给现状进行梳理，分析家庭农场绿色生产制度的特征并对家庭农场绿色生产制度的经济效应和生态效应进行检视，分析制度存在的问题和不足，进而提出优化家庭农场绿色生产制度环境的必要性。

（3）制度环境影响家庭农场绿色生产效应的作用机理与路径分析

首先，基于投入产出视角分析制度环境对家庭农场绿色生产效应的影响；其次，基于制度经济学原理厘清制度环境对家庭农场绿色生产效应影响的作用机理；最后，以家庭农场绿色生产的要素投入及其变化为逻辑起点，重点分析制度环境对家庭农场绿色生产效应的作用路径。通过本章分析，为后文深入实证研究提供理论基础。

（4）通过成本收益理论和方法来评价现行制度环境下家庭农场绿色生产的生态效应水平

运用 DEA 方法测算的家庭农场绿色生产的生态效应是评价制度环境的重要指标。重点从绿色生产的生态效应维度选取和家庭农场绿色生产密切相关的指标构建绿色生产的生态效应指标体系，对我国 2014~2018 年省级家庭农场绿色生产的生态效应进行测算，为制度环境对家庭农场绿色生产效应的影响分析作实证基础。通过研究发现，全国各省份的家庭农场绿色生产的生态效应总体呈上升趋势，就区域角度而言，呈现东部较高、中部次之、西部较低的态势。

（5）通过面板回归模型针对制度环境对家庭农场绿色生产效应的影响进行分析检验

文章分别从制度数量、制度内容两个维度分析制度环境对家庭农场绿色生产的生态效应及经济效应的影响。研究发现，在绿色生产的生态效应方面，制度数量对家庭农场绿色生产的生态效应有抑制作用，制度强度对家庭农场生产生态效应有正向促进作用。制度内容大多数对家庭农场绿色生产的生态效应有正向促进作用。在经济效应方面，制度数量和制度强度对家庭农场经济效应有正向促进作用。制度内容多数也对家庭农场绿色生产的经济效应有正向影响。此外，通过稳健性检验、异质性分析等方法对实证结果进一步分析，得出制度环境整体上对家庭农场绿色生产起正向促进作用，但同时存在较大提升空间，并且存在地区差异，这也反映出家庭农场绿色生产制度环境优化的必要性和迫切性。

第 1 章　绪论

（6）主要对策建议

通过数据分析、理论探究、规范论证、模型检验等分析得出合理的家庭农场绿色生产制度离不开经济学理论的支撑和检验，要注重市场因素和经济学因素的影响，充分尊重市场规律，将经济学的成本收益等分析方法纳入优化家庭农场绿色生产制度环境的过程中，提出要加强家庭农场主体制度的供给，全面完善家庭农场绿色生产制度的供给内容，同时注重多元化制度内容的融合优化。此外，还要尊重地区发展差异，营造契合地区生产特点的制度环境，从而推进农业生态环境的改善和农业的高质量发展。

1.4.2 研究方法

（1）规范分析和调查分析法

通过对非期望产出理论、计划行为理论、制度变迁理论和农业绿色发展等理论的梳理，提炼相关理论观点，结合我国家庭农场绿色生产制度供给的现状及特征，对家庭农场绿色生产制度环境形成整体的理论认知。在理论分析的同时，通过对家庭农场绿色生产制度进行数据搜集、整理，并对数据进行统计、分析，进而确立科学合理的指标体系。

（2）比较分析法

本研究采用比较研究方法，一是横向比较，利用面板数据分析不同地区的制度环境对家庭农场绿色生产效应的影响；二是纵向比较，分析制度环境在不同年份对家庭农场绿色生产效应的影响。

（3）计量分析和实证分析方法

选取科学合理的指标体系，应用 DEA 方法分别构建 DEA 模型、超效率 DEA 模型、Malmquist 指数模型，对我国家庭农场绿色生产的生态效应进行静态和动态分析。通过面板回归模型实证检验制度环境对家庭农场绿色生产效应的影响机理，应用的软件工具主要有 DEAP2.1、MYDEA1.0.5、STATA15 等统计分析软件。

1.4.3 研究技术路线

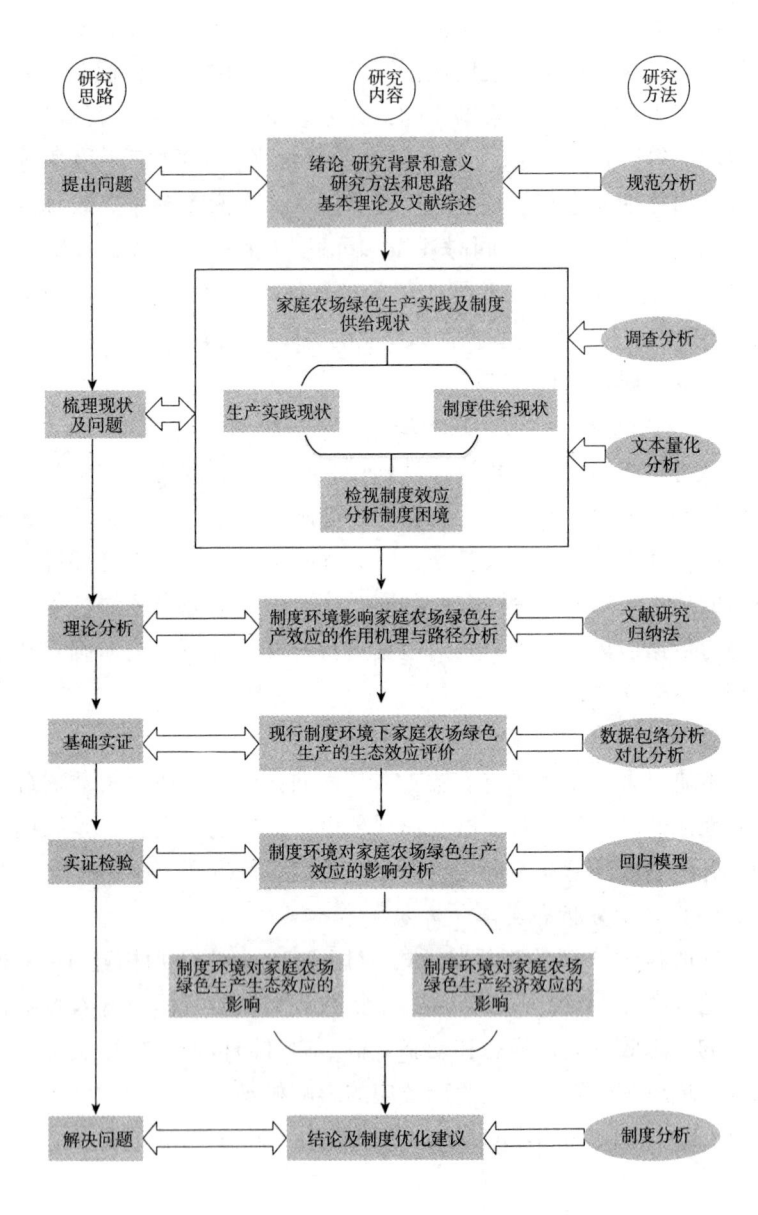

```
研究思路              研究内容              研究方法

提出问题  ⇔   绪论 研究背景和意义         ⇐  规范分析
              研究方法和思路
              基本理论及文献综述

              ┌─────────────────────────┐
              │ 家庭农场绿色生产实践及制度 │    ⇐  调查分析
              │      供给现状            │
梳理现状  ⇔   │                         │
及问题        │ 生产实践现状  制度供给现状 │    ⇐  文本量化
              │                         │       分析
              │  检视制度效应           │
              │  分析制度困境           │
              └─────────────────────────┘

理论分析  ⇔   制度环境影响家庭农场绿色    ⇐  文献研究
              生产效应的作用机理与路径分析    归纳法

基础实证  ⇔   现行制度环境下家庭农场绿色  ⇐  数据包络分析
              生产的生态效应评价              对比分析

实证检验  ⇔   制度环境对家庭农场绿色生产  ⇐  回归模型
              效应的影响分析

              制度环境对家庭农场    制度环境对家庭农场
              绿色生产生态效应的    绿色生产经济效应的
                  影响                影响

解决问题  ⇔   结论及制度优化建议        ⇐  制度分析
```

1.5 本书的创新点

本书的创新点主要体现在以下几个方面：

一是研究角度的创新。目前关于家庭农场绿色生产的研究较多，但从制度环境角度对家庭农场绿色生产效应的影响研究较为缺乏。本书通过研究制度环境对家庭农场绿色生产效应的影响机理，得出优化制度环境的实现路径。

二是研究内容的创新。本书将家庭农场绿色生产制度作为核心解释变量，论证分析制度环境对家庭农场绿色生产的生态效应和经济效应的影响情况，并进行异质性分析，为将来我国家庭农场绿色生产制度的完善提供参考和方向。

第 2 章 家庭农场绿色生产现状及面临的制度问题

科学合理地研究问题,基本前提是对现状的全面梳理和客观分析。关于制度环境对家庭农场绿色生产效应的影响研究,一方面必须对家庭农场绿色生产的实践现状进行分析,另一方面需要对家庭农场绿色生产的制度供给现状进行分析。在此基础上,深入探析现行制度环境下家庭农场绿色生产的效应情况,包括经济效应和生态效应,从而发现当前家庭农场绿色生产制度所面临的问题。本章将主要从家庭农场绿色生产的发展实践、制度供给现状以及制度供给特征、制度效应来分析当前我国家庭农场绿色生产面临的制度困境。

2.1 我国家庭农场的绿色生产实践现状

2.1.1 家庭农场的发展概况及典型模式

(1) 家庭农场的发展概况

20 世纪 80 年代以来,家庭联产承包制的推行,极大地激发了农业生产者的积极性,大幅提升了农业生产力水平,使部分农民脱离了土地。改革开放以来,伴随着生产力的提升,一些种田能手开

第2章 家庭农场绿色生产现状及面临的制度问题

始尝试承包土地进行规模化的农业生产，具有了家庭农场基本生产经营的雏形。我国开始广泛关注家庭农场的发展是基于2013年的中央一号文件，"家庭农场"也正是在该文件中被首次明确提出。随着政府对家庭农场的日益重视，家庭农场在相关扶持政策的背景下得以迅猛发展[1]。

从数量的维度看，名录管理系统显示，截至2020年底家庭农场的总数已经不止300万家。可见，家庭农场已经成长为我国农业重要的生产经营主体。《中国家庭农场发展报告》由中国社会科学院农村发展研究所和农业农村部政策与改革司联合编著，从家庭农场发展的各个方面进行了充分而具体的介绍，但限于报告截至2019年，因此，本书根据2019年的报告分析2018年我国家庭农场发展的基本情况和特点。一是经营范围以种植类为主，种植类家庭农场的比重为62.64%，而其中的粮食类家庭农场就占到了35.83%的比重；二是家庭农场主以初高中教育程度的中年男性为主，初高中教育程度的农场主占比高达70%以上，虽受教育程度不高，但80%以上的农场主都接受过培训，且培训覆盖面广，男性农场主比例为87.69%，平均年龄为45.78岁；三是普遍常年雇佣劳动力，半数以上农场都有常年雇工，而每个拥有常年雇工的农场平均雇工数为4.03，平均工资约为26 000元；四是土地经营规模化，平均每个种植类家庭农场的土地规模为396.81亩，同时地块数量较多；五是经营绩效较好，家庭农场纯收入可达17.61万元，劳均纯收入可达76 704元，均高于农村居民的人均纯收入水平。可见，家庭农场的发展潜力巨大，适宜作为推进我国农业高质量发展的有生力量。

家庭农场之所以作为我国农业高质量发展的有生力量，是因为家庭农场自身所独具的优势特征，主要体现在以下方面：

---

[1] 武焱、马跃进："推进家庭农场发展的思考"，载《三晋基层治理》2021年第3期。

第一，家庭农场的责任感及内部紧密性与农业生产季节性、周期长的特点高度契合。农业生产具有明显的季节性特点，决定了需要高度责任感的组织。虽说现代化农业生产的趋势是规模化生产，然而不能否认的是中国传统农业生产的模式是"精耕细作"，直到今天这种模式依然占绝大多数。精耕细作适用于家庭农场，家庭农场因其人身紧密性（主要是家庭成员），进行的各种生产经营活动才能纳入民事法律事件的范围当中。季节性生产活动客观上适应于家庭成员为主要劳动力的生产组织，家庭成员之间无间隙信任和分工配合，才能适应农业的生产、加工、运输、销售等一系列链条式的活动。另外，农业生产具有的长周期性的特点，导致农业生产具有高度风险性。常言道，农业生产"靠天吃饭"，在自然生态环境遭受破坏的今天，农业生产需要农业生产者之间具有高度信任感，降低"委托—代理"成本，只有这样才能在遭受自然灾害风险时，紧密凝聚家庭成员合力，共克困难。农产品生长具有生物周期特点，农作物都有生长、发育、生殖现象，都有遗传和变异的特性。这些动植物生长周期经年累月，需要生产者长期持续关注，家庭的特点恰恰契合了农业生产的特点。家庭是基于血缘关系的团体，具有一定程度上的稳定性，而且可以代际传承。

因此，面对日益激烈的农产品市场竞争，我国农业更需要走精细化发展道路，精细化的耕作只有具备紧密的团队合作，才能减少合作成本[1]。可见，家庭农场内部成员具有的人身紧密性以及家庭农场组织的高度责任感都与农业生产的特点高度契合，故家庭农场能够作为农业生产的优势生产组织。

第二，家庭农场的双重属性与现代农业的需求高度契合。家庭农场的双重属性体现在，一是家庭经营属性，二是企业经营属性。

---

[1] 贺佳："走精细化特色化现代农业发展之路"，载《湖南日报》2019年10月28日，第3版。

家庭经营属性使家庭农场的生产经营具有积极的主动性，这是由于作为最紧密联系的经济组织，家庭可以大大减少生产经营过程中的管理成本和监督成本，家庭成员会付出自己的最优劳动来使农业生产效果达到最优，并且对最终农产品的质量精心负责。而企业经营属性使家庭农场的生产经营规模化、商品化特点更加突出，原因在于家庭农场不同于小农户，家庭农场规模化经营在采纳新技术、引进新设备方面具有强烈渴求，并且在付出更多生产成本的同时追求更高的经济效益。这也就激励家庭农场获取更多的市场信息来扩展更大的产品市场，进而通过市场需求调节生产供给，能够规避普通农户生产经营的高风险性和不确定性。通过企业化经营管理，能够发展订单农业，进行长期、稳定的生产经营，从而降低经营风险，获取更高的经济效益；同时，为了获取更高的经济效益，家庭农场会采取新技术提升农产品的质量，生态效应也会随之提高[1]。

由此，家庭农场所具有的双重属性，不仅能发挥家庭经营的核心优势，保障农业生产的精耕细作，而且有利于扩大生产经营规模，对外进行交易拥有独立的主体地位，便于其进行商品化经营。规模化以及商品化的经营特点与现代农业的发展特征高度契合，正是基于家庭农场双重属性的特点，有学者提出家庭农场应当作为当前我国现代农业发展过程中最看重的经营主体[2]。

（2）家庭农场发展的典型模式

随着家庭农场的不断发展，形成了一些具有显著特点的家庭农场典型发展模式，主要有以下五种类型（表2-1）。分析这些发展模式不仅对其所在地区其他家庭农场的发展具有一定的指引和示范

---

[1] 生秀东："订单农业的契约困境和组织形式的演进"，载《中国农村经济》2007年第12期。

[2] 董亚珍、鲍海军："家庭农场将成为中国农业微观组织的重要形式"，载《社会科学战线》2009年第10期。

作用，也对促进我国家庭农场绿色生产制度环境的优化具有一定的借鉴作用。

表2-1 我国家庭农场发展的五种成功典型模式

典型模式	主要做法	主要成效	显著特征
上海松江模式	政府出台一系列政策，通过对农地进行资源整合及重新优化配置，提升家庭农场的发展质量，提高农民收入。	到2019年，家庭农场数量接近千户，土地经营面积占本区种植面积比重超过80%。	一是政府导向作用显著；二是具有相对健全的社会保障制度；三是具有相对合理的经营规模；四是进行符合当地需求的粮食经营。
浙江宁波模式	尊重市场规律，进行市场监督管理登记，评选示范家庭农场，推动土地流转，推进规模大户经营等方面。	家庭农场经营规模大多在50亩以上500亩以下，农业生产呈标准化，并且拥有较多自主商标。	一是农场主具有较高的市场意识，生产经营呈市场化特点；二是农场经营规模化，规范标准化，但呈适度规模经营特点；三是农场主要从事日常农产品的生产经营，包括蔬菜水果等。
湖北武汉模式	设立农村综合产权交易所，开展示范家庭农场评选工作，政府部分制定推动家庭农场发展的规范性文件。	武汉家庭农场经营绩效良好，人均纯收入超过农村的人均可支配收入，同时还超过城镇的人均可支配收入。	一是政府推动与市场主导相结合；二是家庭农场主要从事日常生活所需的农产品为主，且呈多元化经营；三是经营规模化且规模适中。

第 2 章 家庭农场绿色生产现状及面临的制度问题

续表

典型模式	主要做法	主要成效	显著特征
吉林延边模式	政府通过制定信贷、保险、税收等方面的扶持政策来满足家庭农场的资金需要,达到家庭农场规模化生产经营的需求。	家庭农场实现规模化生产经营,规模经营的平均面积超过30公顷。	一是政府大力支持;二是经营范围以粮食种植为主;三是经营规模较大,机械化程度高。
安徽郎溪模式	重视政府扶持和农业协会的促进影响,发挥示范家庭农场效应,引导农地流转推进规模经营的发展。	家庭农场的发展迅速,土地流转市场已见雏形,数量发展已超千户,经济效益已超万元。	一是政府引导和扶持的力度较大;二是规模发展成就规模效益;三是从事经济效益较高作物的生产经营。

以上家庭农场的发展典型模式各具特色,由于地区经济发展水平、地区发展特点等存在差异,各种模式家庭农场的发展特征、影响因素和制度影响路径也各具特点。如作为经济发展相对落后的地区,延边和郎溪家庭农场的发展模式都是适应城市化发展农业劳动力转为非农劳动力的特点,进行规模化经营;又如作为邻近城市的宁波和武汉,都利用其地理优势进行满足都市日常消费需求的生产经营;这两种发展模式所在的地区都是市场主导下的自主农业发展转型,经济发展程度与我国大多数地区类似,因此,这两种发展模式可在全国范围内予以推广[1]。松江地区经济较为发达,该地区

---

[1] 冷成英:"都市郊区和一般农业区的家庭农场发展路径比较研究",武汉大学2020年博士学位论文。

劳动力年龄偏大，并且农业劳动力较为稀缺，因此该地区家庭农场进行的是适度规模经营，并且主要由政府进行推动。然而因其经济发展水平高于我国其他地区，该模式不具有普遍推广性。

当然，即便是作为可推广的发展模式，也需要结合地区发展水平，遵循地区家庭农场的自身发展特点，发展符合当地市场需求的经营模式。

家庭农场的典型发展模式在推动当地家庭农场发展方面具有一定作用，但并未形成家庭农场发展的制度框架和体系，无法满足我国家庭农场整体发展的需求[1]。尤其是全国性家庭农场立法的缺失导致其主体法律地位不明确，影响相应扶持制度的落实，导致资金扶持效果大打折扣。因此，家庭农场的发展需要相关制度的完善予以保障。

2.1.2 家庭农场绿色生产现状分析

（1）家庭农场绿色生产行为

我国农业的发展目标是可持续、高质量的农业[2]，而农业生产主体的生产行为是最终的落脚点[3]。农业的绿色生产，特别是通过运用绿色生产技术进行农业生产[4]，一方面，能够实现化肥、农药的双减，推进农业可持续发展；另一方面，农业生产效益得以提高，国家的粮食安全也得以保障。所以，本书具体关注家庭农场的绿色生产行为，特别是家庭农场绿色生产过程中对绿色生产技术

---

[1] 肖化柱："我国家庭农场制度创新研究"，湖南农业大学2017年博士学位论文。

[2] 于法稳："新时代农业绿色发展动因、核心及对策研究"，载《中国农村经济》2018年第5期。

[3] 蔡颖萍、杜志雄："家庭农场生产行为的生态自觉性及其影响因素分析——基于全国家庭农场监测数据的实证检验"，载《中国农村经济》2016年第12期。

[4] 何秀荣："技术、制度与绿色农业"，载《河北学刊》2018年第4期。

的采纳和使用，而技术培训则是影响家庭农场绿色生产的重要因素[1]。从家庭农场经营者接受技术培训的角度进行分析，了解家庭农场绿色生产的可行性现状，接着从家庭农场绿色生产行为的角度进行分析，了解当前家庭农场绿色生产水平的现状。（数据来自：《中国家庭农场发展报告》2015年~2019年）。

关于农场主接受技术培训情况：根据表2-2和图2-1可以直观地看出，家庭农场经营者总体接受技术培训较为普遍。具体来看，技术培训占比最高的为育种和栽培技术的培训，其次是土肥培育以及疾病防治的技术培训，都在一半左右。值得注意的是，关于农产

表2-2 我国家庭农场农场主接受绿色技术培训情况（%）

年份	育种栽培技术	土肥培育技术	疾病防控技术	经营管理	养殖技术	产品质量安全	农机驾驶技术	地膜覆盖技术	农产品加工技术	其他
2014	60	48.09	47	44.91	—	—	—	—	—	—
2015	44.61	58.04	48.78	41.03	27.59	21.39	31.17	24.32	11.82	0.31
2016	67.3	54.48	50.24	27.63	32.39	13.33	32.67	28.14	43.99	0.67
2017	66.11	53.56	48.26	43.32	34.53	31.58	34.09	27.04	14.9	0.65
2018	54.03	43.56	41.69	36.61	28.95	28.68	28.24	23.73	14.58	0.64

资料来源：本表根据《中国家庭农场发展报告》数据由作者绘制。

---

[1] 张建杰等："家庭农场绿色生产行为选择及其区域比较研究"，载《农业经济与管理》2021年第1期。

资料来源：本图根据《中国家庭农场发展报告》数据由作者绘制

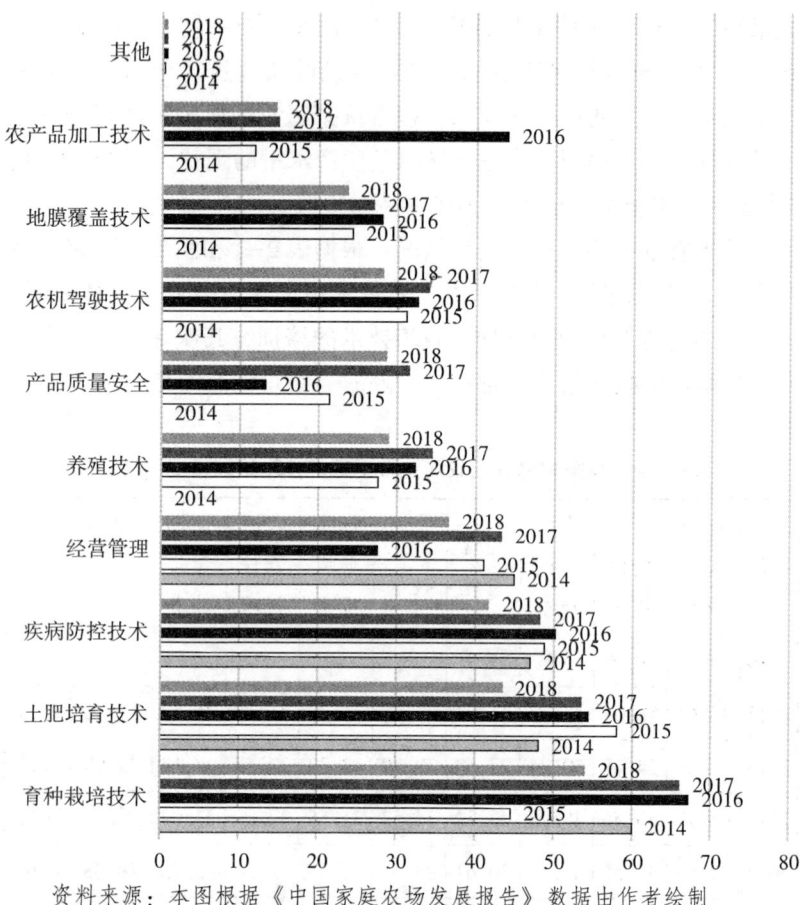

图 2-1 我国家庭农场农场主接受绿色技术培训对比图

品质量安全和养殖技术的培训呈不断增加的态势，其增加态势是由于我国政府和人民对农产品质量安全需求的日益增加。与家庭农场生产环节的技术培训相比，针对经营管理以及农产品的加工技术培训则处于较低水平，这不利于家庭农场三产融合的共同发展。

关于家庭农场绿色生产方式：根据前文对农业绿色生产的界

第 2 章 家庭农场绿色生产现状及面临的制度问题

定,对全国种植类家庭农场的绿色生产方式进行总体分析,其中主要包括化肥施用量的减少、采用测土配方施肥技术、农药使用量的减少、节水灌溉、秸秆绿色处理和地膜绿色处理六个方面。通过表2-3可以发现,相较于周边的普通农户,我国家庭农场化肥施用和农药使用减量明显。这是由于2015年农业农村部制定了零增长的双减行动方案,具体为《到2020年农药使用量零增长行动方案》及《到2020年化肥使用量零增长行动方案》。采用测土配方施肥技术的农场占比均在50%以上。秸秆绿色处理和地膜绿色处理的农场占比更是高达70%以上,节水灌溉技术的家庭农场占比在30%以上。总体来看,与周边农户相比,家庭农场生产方式的绿色特征显著,且呈良好发展态势,具有可持续、高质量农业的典型特征和发展潜力。

表2-3 我国家庭农场采用绿色生产方式表(%)

年份	化肥施用量	测土配方施肥技术	农药使用量	节水灌溉	秸秆绿色处理	地膜绿色处理
2016	41.63	56.5	46.17	36.59	81.12	78.34
2017	40.1	61.44	45.77	37.12	84.42	83.5
2018	45.02	57.69	52.11	35.75	72.86	83.88

资料来源:根据《中国家庭农场发展报告》数据由作者绘制

由图2-2可知,2016~2018年间家庭农场绿色生产方式发展良好,且六类绿色生产方式均在30%以上。其中,化肥施用量、农药使用量以及地膜绿色处理均积极发展态势,而测土配方施肥技术、节水灌溉以及秸秆绿色处理呈整体下降趋势,而这三类绿色生产方式均需要技术和资金的双重投入,因此,在今后的家庭农场绿色生产发展进程中,要加大农技培训和资金扶持力度。

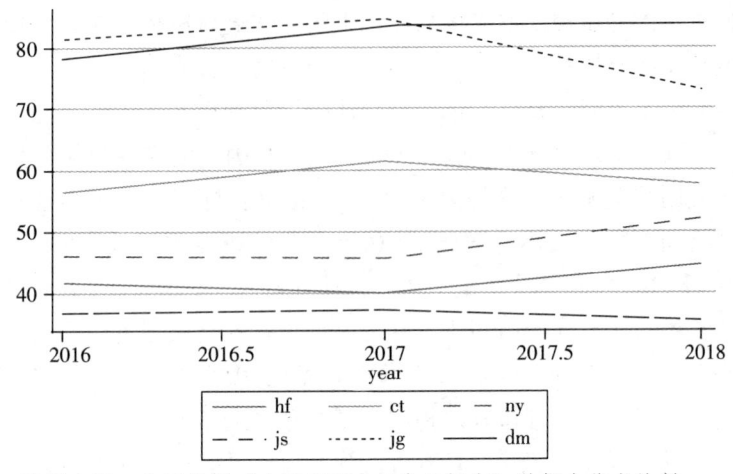

资料来源：本图根据《中国家庭农场发展报告》数据由作者绘制

图 2-2　我国家庭农场绿色生产方式趋势图

(2) 家庭农场绿色生产区域比较

我国家庭农场绿色生产方式呈现区域特征。根据地理位置分为东部、西部和中部，三个地区的家庭农场绿色生产情况既有共同点，又有所差别。根据表 2-4 可以看出，2018 年我国家庭农场在三个地区整体均表现出节药占比高于节肥，测土配方技术则呈现东部最高、中部其次，西部最低的特点，东部因广泛采用测土配方技术，其化肥减量占比低于中部和西部。节水灌溉方面，西部农场占比最高，东部其次，中部最低。在秸秆绿色处理和地膜回收处理方面，东部和中部都表现优异，整体均在 80% 以上，西部地膜回收处理也较好，但秸秆绿色处理占比仅为 60.13%。可见，东部、中部、西部家庭农场在采纳绿色生产方式方面存在差异，且有此起彼伏之势。

第 2 章 家庭农场绿色生产现状及面临的制度问题

表 2-4 我国家庭农场农场主东中西绿色生产方式情况（2018 年）（%）

地区	省份	化肥量少于农户占比	测土配方技术	农药量少于农户占比	地膜回收处理占比	秸秆绿色处理占比	节水灌溉占比
东	天津	40.91	68.18	72.73	94.74	90.91	35.00
东	河北	41.11	66.67	54.44	86.76	88.89	45.55
东	辽宁	37.18	53.85	47.44	80.00	79.22	17.31
东	上海	41.56	80.52	42.86	100.00	100.00	1.32
东	江苏	60.53	76.32	65.79	96.30	100.00	2.63
东	浙江	67.53	58.44	67.53	98.21	81.58	33.78
东	福建	72.06	75.00	73.53	74.19	75.00	62.50
东	山东	28.79	84.85	42.42	88.89	95.45	34.85
东	广东	50.91	47.27	72.73	75.61	67.92	68.63
东	海南	40.63	37.50	34.38	76.00	65.62	70.00
东部平均		40.91	64.86	57.39	87.07	80.12	33.51
西	内蒙古	15.38	43.59	25.64	32.00	73.68	50.00
西	广西	35.56	64.44	48.89	93.75	80.00	32.43
西	重庆	61.22	51.02	77.55	97.37	36.73	71.43
西	四川	58.54	73.17	60.98	94.74	36.59	29.03
西	贵州	80.43	50.00	84.78	80.00	44.83	31.58
西	云南	50.00	57.14	53.57	91.07	35.71	85.46
西	陕西	40.38	36.54	36.54	92.50	48.08	54.28
西	甘肃	21.67	83.33	31.67	96.55	61.67	29.79

续表

地区	省份	化肥量少于农户占比	测土配方技术	农药量少于农户占比	地膜回收处理占比	秸秆绿色处理占比	节水灌溉占比
西	青海	24.49	36.73	34.69	77.27	69.39	0.00
西	宁夏	57.81	62.50	70.31	74.55	89.06	20.32
西	新疆	47.62	80.95	57.14	77.78	85.71	90.48
西部平均		44.83	58.13	52.89	82.51	60.13	49.42
中	山西	47.46	59.32	62.71	57.45	86.44	17.86
中	吉林	16.98	21.70	20.28	87.34	54.81	8.25
中	黑龙江	39.13	42.39	44.02	74.74	92.39	23.65
中	安徽	74.74	84.21	75.79	76.40	93.68	28.41
中	江西	65.52	72.41	79.31	96.00	82.76	17.64
中	河南	46.38	71.01	53.62	88.46	97.10	86.16
中	湖北	42.86	85.71	57.14	80.95	85.71	29.41
中	湖南	75.00	76.92	76.92	100.00	80.77	15.91
中部平均		51.01	64.21	58.72	82.67	84.21	28.41

资料来源：本表根据《中国家庭农场发展报告》数据由作者绘制。

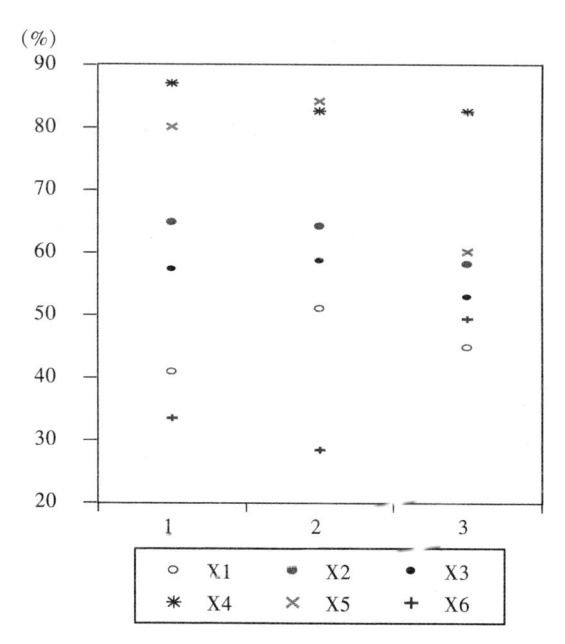

第 2 章 家庭农场绿色生产现状及面临的制度问题

资料来源:本图根据《中国家庭农场发展报告》数据由作者绘制

图 2-3 我国家庭农场绿色生产方式分布图

(注:X1:亩均化肥施用量少于周边农户比例,X2:采用测土配方施肥技术比例,X3:农药使用量少于周边农户,X4:地膜绿色处理占比,X5:秸秆绿色处理占比,X6:节水灌溉方式占比,1:东部地区,2:中部地区,3:西部地区)

根据图 2-3 可以看到:东部地区家庭农场绿色生产水平相对较高,地膜回收利用和秸秆绿色处理方式均在 80% 以上,测土配方技术的采用和农药减量均在 50% 以上,较低的是农药减量和节水灌溉方面,但也都在 30% 以上。中部地区家庭农场绿色生产方式则有高有低,表现较好的是秸秆绿色处理和地膜回收利用,测土配方施肥技术的采用和农药、化肥的减量居中,节水灌溉占比最低,这也反映了我国中部地区家庭农场绿色生产的问题所在,水资源利用方式亟需转变。西部地区家庭农场绿色生产方式则差别不大,除地膜回收利用占比在80%以上，其他绿色生产方式占比均在50%左右。

综上，根据对我国家庭农场绿色生产实践现状的梳理，可以发现我国家庭农场与普通农户相比，绿色生产水平较高，主要表现在绿色生产方式的采取方面，不仅包括测土配方施肥技术的采纳，还包括节水灌溉、施肥施药的减量，以及秸秆农膜的绿色处理等。总体而言，我国家庭农场绿色生产特征显著，且较为普遍。然而，整体处于初级阶段的家庭农场绿色生产的区域差异较大，这与家庭农场绿色生产制度有密不可分的关系。一是家庭农场主体制度的缺失，集中体现为法律地位不明确、准入规范不明晰以及内部法律关系混乱等，导致家庭农场绿色生产制度的落实效果大打折扣[1]；二是家庭农场绿色生产制度的不完善，包括资金扶持、财政补贴、技术支撑等制度的不健全，影响了家庭农场绿色生产的健康发展。

2.2 我国家庭农场绿色生产的制度供给现状

2.2.1 我国家庭农场绿色生产制度供给

(1) 家庭农场基本制度供给现状

家庭农场作为新型农业经营主体，只有具备特定的条件，形成一定的制度环境，才能满足其产生和发展的要求[2]。2008年召开的党的十七届三中全会提出"一个长久不变"和"两个转变"，为家庭农场的初步发展提供政策基础；2014年农业农村部对家庭农场的概念进行表述，并从其生产经营特征的角度进行界定，为家庭

---

[1] 武焱、马跃进："家庭农场立法的相关问题探讨"，载《理论探索》2021年第6期。

[2] 高强、刘同山、孔祥智："家庭农场的制度解析：特征、发生机制与效应"，载《经济学家》2013年第6期。

农场的发展明确路径；2016年党的十七届五中全会明确我国农业的发展方向为集约化、规模化、标准化和专业化，与家庭农场的发展特征高度吻合，进一步推动了家庭农场的发展；党的十八大正式提出要构建包括家庭农场在内的新型农业经营体系。由此家庭农场在党的一系列政策文件的支持下发展成长起来。

当前，我国家庭农场所涉及的制度与农业生产制度交叉在一起，除直接涉及农业生产的土地流转制度外，还有促进农业生产的扶持制度，比如财政支持制度、教育培训制度、社会化服务制度以及金融扶持制度等。从我国家庭农场的生产实践及国外发展经营实践可以发现，我国家庭农场发展的制度环境已基本形成：一是土地产权和流转制度，为家庭农场的规模化生产提供生产资料；二是劳动力市场制度，为家庭农场的规模化生产提供专业的劳动力；三是社会化服务制度，为家庭农场的生产经营提供较为完善的服务。

第一，土地产权和流转制度。土地作为农业的基础生产资料，尤其对于家庭农场而言，土地经营的规模化是其主要特征。家庭联产承包责任制对于调动生产积极性发挥了重要作用，也促进了土地的集中生产经营；同时，随着土地确权制度的颁布，土地产权将愈加清晰，这也有利于充分发挥土地流转的作用。因此，土地产权和流转制度的基本形成有利于土地资源的优化配置，也为家庭农场的健康发展提供基础。同时，土地制度还需要进一步地完善。一是推进落实土地确权制度，尽早完成确权、颁证工作，确保土地产权的清晰和土地承包经营权的稳定；二是创新发展土地流转制度，政府引导和市场主导相结合，推动土地的合法有序流转，以促进土地规模化生产。在土地流转制度的创新发展方面，家庭农场的典型发展模式中具有积极的示范作用。比如上海市松江区通过将土地流转期限延长并对土地流转资格进行严格认定，来规范土地流转的准入制度；吉林省延边朝鲜族自治州通过将土地流转收益进行固定，来鼓励农民积极进行土地流转;浙江省慈溪市通过土地信托机构来进行资金助力,推进家庭农场的土地流转;湖北省武汉市通过引入合作社和农民土地入股,甚至采用整村土地流转等方式创新土地流转制度。可见,在土地制度基本形成的基础上,家庭农场的健康发展还需要继续推进土地产权及流转制度的发展。

第二,劳动力市场制度。伴随着城镇化进程的发展,农业劳动力越来越多地转为非农劳动力,同时,部分农民则通过扩大土地经营规模发展为专业大户。这就催生了基本的城乡流动劳动力市场制度。而流动的劳动力市场对于家庭农场的发展具有积极作用,一方面,农村劳动力流入城市,能够推动更多的土地流转,有助于家庭农场土地集中经营;另一方面,土地的规模经营需要更多的农业劳动力,催生了职业农民的兴起,同时家庭自有劳动力也能够得到充分就业,形成流动的、专业的劳动力市场[1]。

可见,城镇化发展不仅大大增加了农村劳动力的就业空间,而且促进了家庭农场的大量产生。实践中,关于创新劳动力市场制度的做法表现为,吉林省延边朝鲜族自治州通过为进城务工的农民提供各种市民优惠待遇,包括子女教育和医疗养老等关键待遇,由此激发农民进城定居的信心,从而推动农村土地流转,促进家庭农场的进一步发展。以上海市松江区为例,该地区农民非农就业占农村劳动力总量的比重超过90%。可以发现,城乡流动的劳动力市场制度对于家庭农场的发展意义非凡。

第三,社会化服务制度。家庭农场的形成和发展需要土地制度和劳动力制度,而家庭农场要得到进一步的发展则离不开综合高效的社会化服务制度。这是由于家庭农场在基础经营的基础上,要实现商品化和标准化的生产,就需要优化配置各项生产要素资源,包

---

[1] 黄宗智、彭玉生:"三大历史性变迁的交汇与中国小规模农业的前景",载《中国社会科学》2007年第4期。

第2章 家庭农场绿色生产现状及面临的制度问题

括病虫害统防统治技术、机械设备、灌溉排水技术装备、贮藏保鲜等。只有健全的、良好的社会服务制度,才能为家庭农场的生产经营提供各项所需的要素资源。目前,我国基本形成了家庭农场的社会化服务制度。作为家庭农场制度发展领先的上海市,通过制定全国首部针对家庭农场的地方性法规——《上海市促进家庭农场发展条例》,明确要积极培育家庭农场社会化服务组织,并对家庭农场发展所需的基础设施建设、人员培训以及技术创新等进行重点扶持。吉林省延边朝鲜族自治州也在社会化服务制度方面积极努力,加强家庭农场与基层农业技术服务人员的沟通与连接,引导家庭农场与农民专业合作社、龙头企业等主体相对接,支持农业社会化服务机构的发展。实践表明,家庭农场的社会化服务制度基本形成,该制度同时也是家庭农场高质量发展必不可少的制度之一。从另一角度看,家庭农场的发展壮大反过来也能够刺激农业社会化服务体系的不断完善。

新时代,伴随着家庭农场基本制度环境的形成,家庭农场也大量兴起。作为农业生产经营主体中效率较高的组织,家庭农场不仅是实施乡村振兴战略的动力源泉[1],也是促进农业绿色生产和保障国家粮食安全的重要生产主体。然而,在家庭农场基本制度环境形成的同时,还存在许多不完善之处,具体体现在以下方面。

第一,家庭农场的法律主体地位不明确。迄今为止,国家针对家庭农场的管理方面的相关法律仍处于逐步完善的阶段,大部分的规制有待考究和确认实行,因而造成在家庭农场的建设发展中缺少相关法律依据和指导,法律地位尚不明确。这一现状也使得处于不同地域的家庭农场认知程度存在差异,进而引发诸如认定标准难以统一、登记状况无秩序等弊端。不利影响具体包括:一是会直接对

---

[1] 郭熙保、冯玲玲:"家庭农场规模的决定因素分析:理论与实证",载《中国农村经济》2015年第5期。

农场的经营和管理造成不良影响，致使经营缺乏规范性。经营者不能明确自身经营的农场是否属于家庭农场的范畴，也将对经营管理所应该遵守的规范缺乏认知[1]。经营者对自身身份也存在认知盲区，无法正确定位自身，因而对于农场经营是否应当登记备案的情况存在诸多不解。二是造成政府针对家庭农场所推行的相关扶持政策难以有效落实。长期以来国家对于家庭农场具备一定的关注度，并为家庭农场的经营管理制定颁布了相关的扶持政策和补助举措，然而政策实行的效力却不明显。根据农场经营管理的实践情况可以看出，经营者针对于所经营农场范畴不确定的情况，登记注册的农场属性常常不经考究，出于对优惠政策和经营补助的考量，一部分注册为家庭农场，不过按照家庭农场的性质而言，这些大部分都不符合其要求；另外一部分则是注册为其他优惠力度相比家庭农场更强的经营主体[2]。当然也存在不进行注册登记的经营主体，多数农户尽管是在运营家庭农场，但由于并不能认识到所经营主体应遵循家庭农场的规范性操作，也导致无权享有相应的政策补助和经营补贴[3]。

　　第二，家庭农场的资金扶持机制不完善。这一问题是多方面的因素共同作用的结果，一方面，在目前经营的家庭农场中，经营启动的资金来源是存在限制的，除了开展家庭农场所享有的政府发放的经济补助外，绝大部分都主要依托于经营者的资金投入抑或是亲戚朋友的帮扶，总体而言，在家庭农场的生产经营中，所具备的资金基本为农业范畴的金融机构信贷或者民间借贷。而在这一情况

---

　　[1] 武焱、马跃进：“推进家庭农场发展的思考”，载《三晋基层治理》2021年第3期。

　　[2] 王爽爽、许爱萍：“我国家庭农场发展初期的主要问题诊断及渐成路径”，载《农业经济》2016年第1期。

　　[3] 武焱、马跃进：“推进家庭农场发展的思考”，载《三晋基层治理》2021年第3期。

下,存在着诸多不容忽视的问题。其一,以政府财政补贴为启动资金的经营主体必须为家庭农场,但无论是扶持政策还是经济补贴都无法惠及全体。其二,以民间借贷形式作为启动资金的家庭农场必须要面临的问题就是贷款利率水平高,因此经营的投资成本也会升高。诚然,为鼓励扶持农业的发展,农业经营者向农村信用社、农业银行等涉农金融机构借贷的特点就是利息少,但是对于可借贷对象的信用考察和放贷要求也更为繁琐,能够成功放贷的概率并不高。其他可提供借贷的机构要么对农业生产缺少帮扶项目,要么就是利息说明对经营者而言并不划算。另一方面,综合考察我国当前对于农业性质的金融机构,立法的规范以原则为出发点,并不具有强制性。鉴于在农业贷款领域内,我国目前没有法律规定金融机构对此需要承担的责任和义务,尽管中国人民银行隶属于中央银行,但其针对于自身所制定颁布的相关规范性文件并不适用于其他金融机构,因此无法具备一定的法律效力,其相关文件不能将对应的信贷义务附加于其他金融机构,文件传递的内容仅仅起到激励和引导作用,从本质上来讲不能作为约束性文件,因此不具备可操作性。此外,就农业保险的相关规定而言,农业保险的一系列法规仅代表管理制度的框架,各项要求和规范并不详细和明确。以农业保险为例,其中对于补贴、监管和法律责任等的规定内容有待进一步细化和完善[1]。因而不难看出,农业领域法律体系的不完善极大制约了家庭农场的经营发展,相关规范性法律的欠缺直接削弱了农业生产经营者应对风险的能力,这也就间接使得金融机构的信贷风险加大。近年来,家庭农场在发展中面临的主要不利因素就是资金匮乏,因此亟需完善家庭农场的资金扶持制度。

第三,家庭农场人才培训制度不健全。当今时代背景下,市场

---

[1] 武焱、马跃进:"推进家庭农场发展的思考",载《三晋基层治理》2021年第3期。

竞争愈加激烈，各种资源和经营理念层出不穷，但从本质上讲，市场竞争无疑是人才资源和科技创新力的竞争，这一特征普遍适用于经营市场，特别是家庭农场经营领域，农场经营管理以集约化和规模化为主要特点，因而运营过程中对于人才的需求量较大，同时还要求经营管理人员具备一定高度的素质水平。但是这一诉求并不能够得到充分的满足，倘若不考虑人力资源匮乏的影响，那么面临的首要难题就是经营者素质水平的要求，相关调查数据信息显示，目前我国农业领域内的从业人员普遍存在着文化程度不高以及科学素质偏低的状况，这一问题在我国中西部地区尤为明显，这也就说明在大部分运营的家庭农场中经营人员文化素质不足的弊端是普遍性的[1]。因此在市场竞争中，家庭农场相较于其他先进生产行业会表现出明显的竞争力不足，经营人员的文化素质欠缺会直接导致其学习能力不足，难以掌握农业领域繁多且复杂的专业知识，更不用说经营管理的其他法律经济领域的知识，此外科技素质不足则会影响其适应现代市场变化的能力。究其根本，这些不良影响都是由于人才培训制度不健全。尽管政府已经为农业发展中的教育培训发放了补助资金，但是在我国中西部地区经济水平较为落后的情况下，能够在人才培训方面投入的资金有限，加之培训机制的不完善，导致农业领域生产经营发展的根本诉求难以得到满足[2]。

第四，家庭农场农业社会化服务体系不健全。针对目前我国农业社会化的发展而言，社会化服务制度仍有待进一步的完善和改进，需要增强政府有关部门和机构对农业服务制度的重视，推动农

---

[1] 国家统计局：《第二次全国农业普查主要数据公报（第 2 号）》，http://www.gov.cn/gzdt/2008-02/22/content_897216.htm，2022 年 1 月 28 日访问。

[2] 武焱、马跃进："推进家庭农场发展的思考"，载《三晋基层治理》2021 年第 3 期。

第2章 家庭农场绿色生产现状及面临的制度问题

业合作机构效力的发挥[1],提升经营主体产业链的合作紧密度[2]。土地是农业生产的基础生产资料,而家庭农场的生产特点对土地规模的要求更高。社会化服务制度的不健全导致土地流转不顺畅,主要原因体现在:一是土地流转价格居高不下,使得家庭农场主资金压力增大;二是土地流转受村委班子变更影响严重,使得家庭农场土地规模经营不够稳定;三是土地流转形式不够规范,多为口头形式,即便有流转合同,也相对不规范,这些都构成了家庭农场土地规模经营的障碍。实现家庭农场商品化和高质量的发展,需要建立土地流转服务体系,完善土地流转服务制度,充分发挥市场信息的引导作用,逐步摆脱市场供求关系不完善对自身发展的制约。

(2) 家庭农场绿色生产制度供给现状

近年来,随着农业绿色生产的重要性日益加强以及家庭农场的不断发展,家庭农场绿色生产的相关研究逐渐增多,目前总体可分为以下三类:一是从纯粹技术角度研究家庭农场绿色生产的技术进展,主要集中于采纳绿色生产技术研究、绿色生产技术生态效应研究[3]两个方面,据此开展的分析研究直接与科技的转变和发展相关联,不过也存在一定的弊端,就是不能明确引起科学技术信息发生转变的经济、社会原因。二是从经济学及管理学角度探讨家庭农场的绿色生产行为,主要集中于绿色生产的影响因素研究[4]。三

---

[1] 武焱、马跃进:"推进家庭农场发展的思考",载《三晋基层治理》2021年第3期。

[2] 邢运、马瑛:"推进家庭农场高质量发展的措施探讨",载《农村经济与科技》2020年第20期。

[3] 郭熙保、龚广祥:"新技术采用能够提高家庭农场经营效率吗?——基于新技术需求实现度视角",载《华中农业大学学报(社会科学版)》2021年第1期。

[4] 夏雯雯、杜志雄、郜亮亮:"家庭农场经营者应用绿色生产技术的影响因素研究——基于三省452个家庭农场的调研数据",载《经济纵横》2019年第6期。

是从政策角度探究相关制度与政策实践，如从政策偏好角度探讨农场主的绿色生产行为[1]，围绕此方面的研究内容通常以微观层面展开剖析，致力于促进制度与实践应用的融合。目前已收集的材料信息主要从技术层面、经济学和管理学层面探讨家庭农场绿色生产问题，仅有部分文献从政策出发研究家庭农场绿色生产，忽视了在此研究中应当充分考虑中央和国家机关所制定和推行的一系列政策文件。除此以外，在总结归纳的全部信息中，缺少对政策变化和改革内在逻辑的分析。

随着我国家庭农场绿色生产的发展，有关家庭农场绿色生产的制度也逐渐增加。本文在对我国家庭农场基本制度进行梳理的基础上，通过收集2014~2018年家庭农场绿色生产相关政策法律文本，深入分析其制度数量、制度强度以及制度内容，准确把握我国家庭农场绿色生产制度供给的现状及制度演变方向，为完善和优化家庭农场绿色生产制度环境提供依据。通过全国人大、国务院、各部委官方网站以及北大法宝等网站，搜索"家庭农场""农业绿色生产""农药""化肥""农膜""节水灌溉""秸秆处理"七个关键词，观察政策法律文本内容及文件名称，去除相关性较弱的文件。为兼顾研究主题的贴合与政策法律文本分析的有效性，本文对初始政策法律文件样本按照以下原则加以筛选：一是政策法律文件直接与家庭农场、农业绿色生产相关；二是政策法律文件由全国人民代表大会、中央人民政府及其各部委的官网公开发布；三是政策法律文件为规范性文件，排除具体事项的公告发布文件以及行政机关内部的规范文件等。时间跨度为2014~2018年，共得到了132份入库文本，最终形成了家庭农场绿色生产政策法律文件数据样本库（见表2-5），并按照政策法律文本的不同形式制作了政策法律文本结

---

[1] 高杨、赵端阳、于丽丽："家庭农场绿色防控技术政策偏好与补偿意愿"，载《资源科学》2019年第10期。

第2章 家庭农场绿色生产现状及面临的制度问题

构表（表2-6）。

表2-5 2014~2018家庭农场绿色生产政策法律文本汇总表

编号	政策法律文本名称	发布时间	规制强度
1	《中华人民共和国环境保护法》	2014	5
2	《中华人民共和国大气污染防治法》	2015	5
……	……	……	……
131	农业农村部关于印发《农业绿色发展技术导则（2018—2030年）》的通知	2018	1
132	生态环境部 农业农村部关于印发《农业农村污染治理攻坚战行动计划》的通知	2018	1

资料来源：本表根据全国人民代表大会、中央人民政府及其各部委的官网公布由作者绘制。

表2-6 2014~2018年家庭农场绿色生产政策法律文本结构表

一级分类	二级分类	数量
法律文件	法律	14
	行政法规	4
	部门规章	4
政策文件	中共中央政策文件	64
	各部委政策文件	46
合计		132

资料来源：本表根据全国人民代表大会、中央人民政府及其各部委的官网公布由作者绘制。

2014~2018年，党和政府以及各部委围绕家庭农场绿色生产发布了一系列政策法律文件，覆盖的内容包括家庭农场、绿色生产、节约农业资源、农业生态环境保护等诸多方面。就制度类型而言，家庭农场绿色生产制度包括法律、行政法规、部门规章三种法律形式，以及由国务院及其办公厅、各部委发布的具体为意见、通知、规划、方案等多种形式的政策规范性文件。

第一，制度数量方面。对132份政策法律文本的发布时间特征进行分析，总体来看，从2014年到2018年这四年时间里，我国颁布和施行的针对于家庭农场经营管理的制度文件数目持续增加（见图2-4）。其中以2015年为例，这一年期间我国颁布施行了与之相关的共计近20个文件，并且发行了关于化肥使用量情况管理控制的相关行动方案。行动方案明确了具体的行动目标，其中化肥方面，要求显著提升科学合理施肥的水平，科学合理施肥的管理体系和技术扶持体系初步构建，除此之外，还明确截至2020年要实现化肥施用量的零增长。农药方面，要求显著提升农药的科学合理施药水平，病虫害防控的可持续技术体系基本建成，与此同时，也实现了行动法案的根本要求。在推行减少使用化肥农药的这一政策趋势下，相关资料相继发布，2016年政策法律文本数量占到总量的20%以上。2018年政策数量显著增加，达到五年间的峰值，这主要是由于党的十九大会议上重大决策的明确，以及2018年的中央一号文件中乡村振兴战略的明确提出，同时也响应了中央对振兴乡村建设的大力号召。

第 2 章　家庭农场绿色生产现状及面临的制度问题

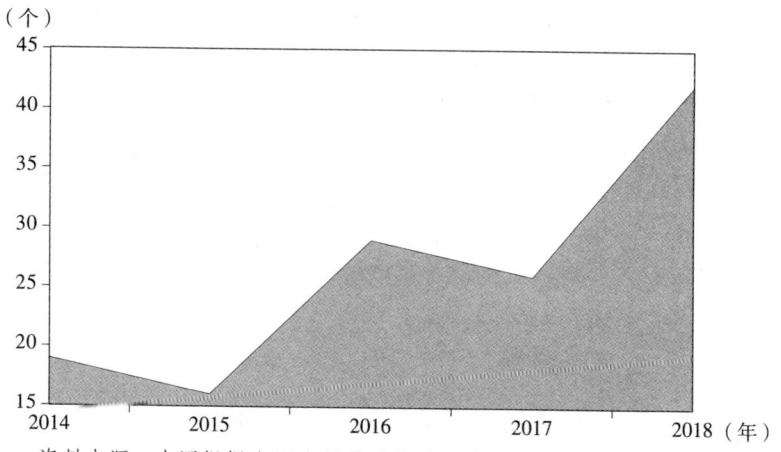

资料来源：本图根据全国人民代表大会、中央人民政府及其各部委的官网公布由作者绘制。

图 2-4　中央政策法律文本数量总体趋势图

第二，制度结构方面。根据政策法律文本规制强度的不同，对全部需要进行统计的法律文本资料赋予相应分值，赋分制度采用五分制，各级别文件规定相应的分值。根据赋分后的数据结果对各个年度制定的政策文件强度加总，并以此作为该年度的规制强度，通过这一方法来体现各级别法律规章文件强度趋势。在此过程中，部分法律文件的反复修订无可避免，当然也会出现个别文件被废除的情况，为实现对总体情况的掌控和分析，对此类情况的文件不需要进行剔除，应当另外单独计数，因此在后续选择重要对象进行考察时，可以发现总文件数量与有效的文件数量存在一定差别，特予说明。其中：X1 表示法律，赋值 5 分；X2 表示行政法规，赋值 4 分；X3 表示部门规章，赋值 3 分；X4 表示中共中央政策文件，赋值 2 分；X5 代表各部委政策文件，赋值 1 分。从图 2-5 可以看出，2014~2018 年间中国政策法律文本强度总体上呈现逐年波动上升的趋势。

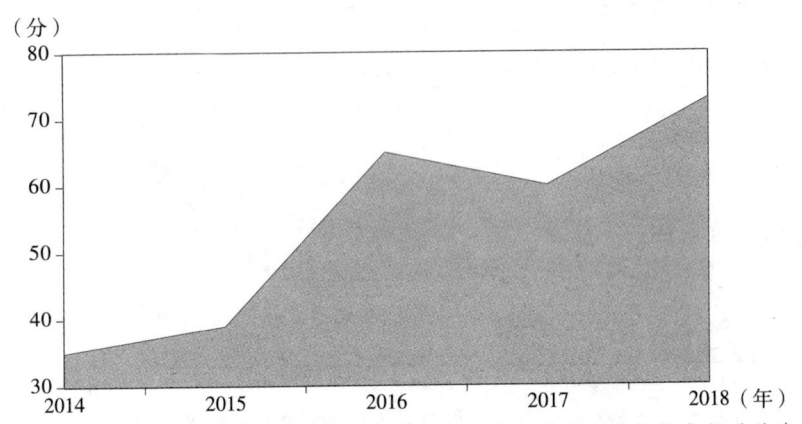

资料来源：本图根据全国人民代表大会、中央人民政府及其各部委的官网公布由作者绘制。

图 2-5　中央政策法律文本效力强度总体趋势图

具体来看，政策法律文本类型的不同及发布部门的差异会对政策影响力产生影响，依据制定机关的不同和政策性质的区别，需要对各类文件资料进行归类整理（图 2-6），在全部文件资料中强度最高的法律，其强度总体呈上升趋势。行政法规和部门规章的强度则变化规律不明显，且强度比例较低。中央政策文件和各部委政策文件强度比例最高，其中中央政策文件在五年间呈先上升后下降的趋势，而各部委政策文件则呈较为波动的趋势，在 2018 年达到峰值。总体而言，2014~2018 年政策法律文件类型以政策文件为主，法律文件较少，虽然法律呈上升趋势，但政策文件仍占主导。

第 2 章　家庭农场绿色生产现状及面临的制度问题

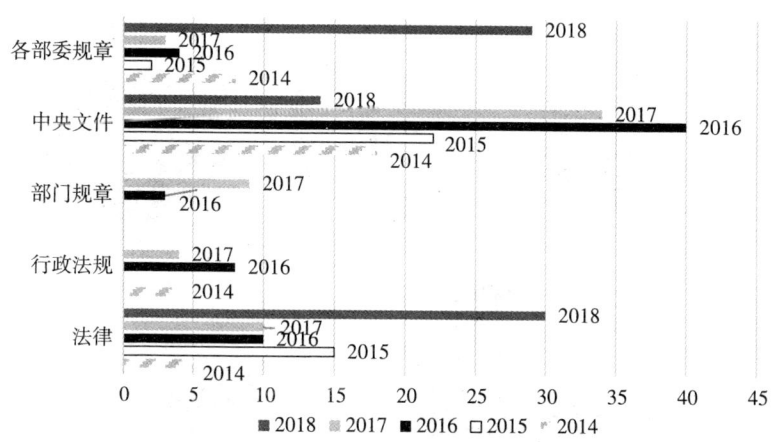

资料来源：本图根据全国人民代表大会常务委员会、中央人民政府及其各部委的官网公布由作者绘制。

图 2-6　2014~2018 年各类中央政策法律文本结构趋势图

按年度来分析各类中央政策法律文本强度（图 2-7），2014 年中央政策文件强度为 50%以上，其他为法律、行政法规和各部委政策文件；2015 年中央政策文件强度继续加强，其他为法律和各部委政策文件；2016 年和 2017 年中央政策文件强度继续加强，其他为法律、行政法规、部门规章及各部委政策文件，这两年政策法律文本较为全面，但中央政策文件仍占主导；2018 年的政策法律文本强度则发生巨大变化，其中法律和各部委政策文件占主导，中央政策文件则急剧下降。总体而言，2014~2018 年政策法律文件强度中央政策文件占主导，但法律呈上升趋势，且强度逐渐超越中央政策文件。

2014   2015   2016

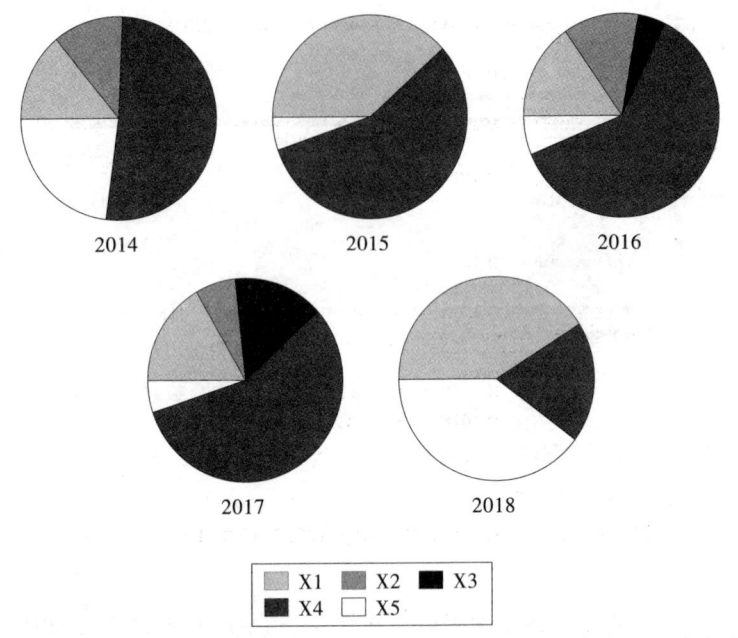

2017   2018

■ X1 ■ X2 ■ X3
■ X4 □ X5

资料来源：本图根据全国人民代表大会常务委员会、中央人民政府及其各部委的官网公布由作者绘制。

图 2-7 2014~2018 年各类中央政策法律文本强度结构图

第三，制度内容方面。运用政策文献计量法对我国家庭农场绿色生产政策法律文本的数量、颁布形式和制定发行部门开展相应的分析研究，在此基础上需要对我国家庭农场实行绿色生产相关政策的演变改革内在规律和制定模式进行总结。为了确定每个政策部分的焦点和重点，我们使用 ROST 分析软件从政策文本中过滤出高频词，并创建一个匹配矩阵，同时使用 Netdraw 语义网络映射工具为各个时期的政策文件创建相应的结构图，以确定特定时期内的政策主题。在统计常用词时，需要对政策中的常用词进行分类并借助 ROST 软件进行筛选，提取出"鼓励""大力""切实""加快"等每个阶段的政策中常出现的关键词汇，得出该阶段的关键词词表及

第 2 章 家庭农场绿色生产现状及面临的制度问题

词频（表 2-7），通过这个图表直接反映对应阶段的政策核心。在提取了出现频率高的关键词之后，把它们创建为一个频繁词的矩阵，并将其导入 Netdraw 软件中，形成可视化网络结构图（图 2-8）。政策从其类型来看，可以有多重区分方法。一是从政策目标进行区分，可以分为命令型、激励型、引导型以及能力建设型[1]；二是从政策的产生原因角度来区分，包括需求型、供给型以及环境型等[2]；三是从政策来源主体的特点来区分，包括权威型、财政型、组织型以及信息型等[3]。可见，政策工具类型可根据不同特点进行划分，结合本文研究主题及其制度文本特点，暂且将其划分为命令型、激励型、能力建设型及引导型四类制度。

表 2-7 2014~2018 年我国家庭农场绿色生产制度高频次表

序号	关键词	词频	序号	关键词	词频	序号	关键词	词频
1	创新	2389	11	违法	340	21	违规	102
2	完善	1741	12	卫生	330	22	主导	99
3	创业	1263	13	完成	272	23	铁路	99
4	主体	905	14	院校	228	24	创造	96
5	主管	820	15	面积	199	25	主动	69
6	城乡	614	16	创建	192	26	面源	69
7	问题	581	17	过程	180	27	市场准入	53

---

[1] Lorraine M. McDonnell, Richard F. Elmore, "Getting the Job Done: Alternative Policy Instruments", Educational Evaluation & Policy Analysis, 2 (1987).
熊烨："政策工具视角下的医疗卫生体制改革：回顾与前瞻——基于1978-2015年医疗卫生政策的文本分析"，载《社会保障研究》2016年第3期。
[2] Roy Rothwell, Walter Zegveld, Reindustrialization and Technology, London: Longman, 1985.
[3] Christopher C. Hood, The Tools of Government, London: Macmillan, 1983.

续表

序号	关键词	词频	序号	关键词	词频	序号	关键词	词频
8	财政	561	18	面向	171	28	倾倒	48
9	城镇	411	19	违反	156	29	夯实	44
10	扩大	376	20	倾斜	110	30	旅游局	40

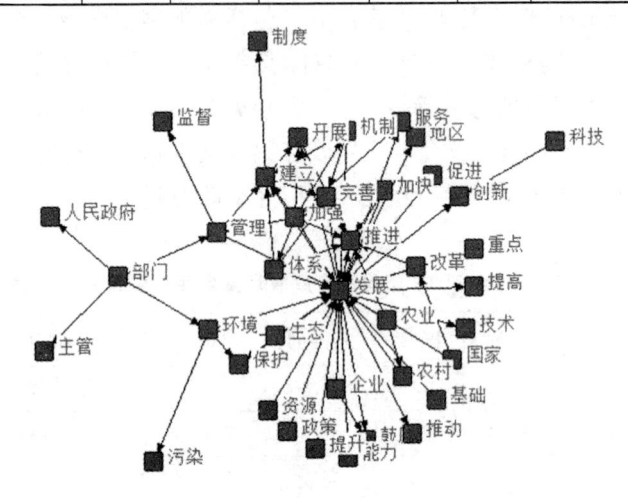

资料来源：本图根据全国人民代表大会、中央人民政府及其各部委的官网公布由作者绘制。

图 2-8　2014~2018 年家庭农场绿色生产制度语义网络结构图

在总结高频词汇的结构图表中，通过观察和总结不难发现，在这一阶段中，"管理""能力""技术""创新""财政"等词出现频率较高，同时也是语义网络结构图的关键词，说明这些词是制度的关注重点，即制度的核心内容。这表明了当前制度的重点与热点：一是重视科技对于家庭农场绿色生产的支撑作用，二是重视家庭农场生产能力的提升，三是重视财政补贴对于家庭农场绿色生产的激励作用，四是重视政府对家庭农场绿色生产的管理职能。结合

第2章 家庭农场绿色生产现状及面临的制度问题

对中央政策法律文本的共词矩阵分析，可以对中央政策法律文本构建二维分析框架：一是确定参与主体，二是确定制度特点。促进家庭农场绿色生产的参与主体主要包括政府、企业、社会、院校四个方面。由于各项制度具备的强制性存在一定的差异，不同类别的制度所具备的效力和可能的作用也不尽相同，因而以强制力的强度作为分类依据可将制度划分为四种类别，分别是命令型、激励型、能力建设型以及引导型。着眼于制度本身以及参与制度的主体，根据两者的关系构建分析框架，同时对各类文本归类后合理编码。在这一框架关系中，参与主体维度为 X，代表参与到促进家庭农场绿色生产中的主体；制度维度是 Y，代表各项制度的类别划分。据此构建 XY 的二维框架，可用于研究和剖析当前我国家庭农场领域实行绿色生产基本状况。Y 维度表示四类主体的效用，结合基于四种制度的 X 维度，最终形成家庭农场绿色生产的制度分析二维框架（图2-9）。

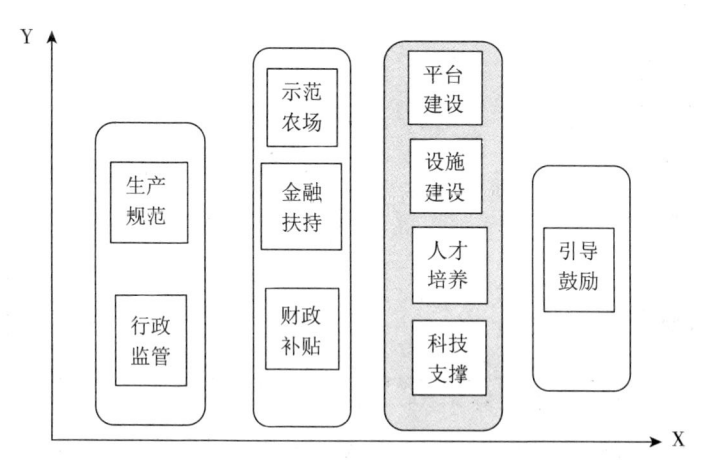

资料来源：本图根据全国人民代表大会、中央人民政府及其各部委的官网公布由作者绘制。

图2-9 家庭农场绿色生产政策法律文本二维分析框架

根据家庭农场绿色生产政策法律文本的二维分析框架,将制度具体内容进一步划分(如图2-10)。命令型制度包括生产规范制度(X1)和行政监管制度(X2),激励型制度包括示范农场制度(X3)、金融扶持制度(X4)和财政补贴制度(X5),能力建设型制度包括平台建设制度(X6)、基础设施建设制度(X7)、人才培养制度(X8)和科技创新支撑制度(X9),引导型包括引导鼓励制度(X10)。2014~2018年,命令控制型和能力建设型制度占主导。具体来看,生产规范制度、基础设施建设制度、科技创新支撑制度及引导鼓励制度较多。可见,我国家庭农场绿色生产在制度安排上有所倾斜,以引导、能力建设等非强制性政策对生产者行为进行引导。

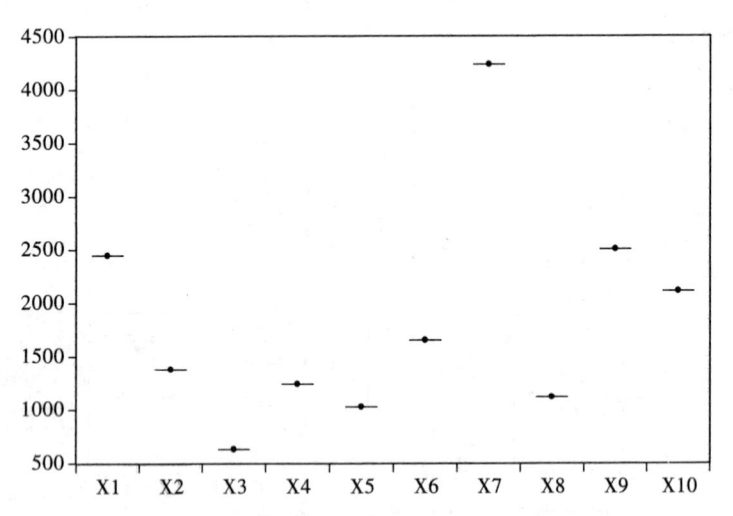

资料来源:本图根据全国人民代表大会、中央人民政府及其各部委的官网公布由作者绘制。

图 2-10　2014~2018 年家庭农场绿色生产制度频度汇总图

第 2 章 家庭农场绿色生产现状及面临的制度问题

按年度来分析家庭农场绿色生产制度内容（图 2-11），2014年，家庭农场绿色生产制度内容以金融扶持制度和平台建设制度为主；2015 年，家庭农场绿色生产制度内容以生产规范制度和基础设施建设制度为主，其次，人才培养、科技创新以及引导型政策也频度较高；2016 年，家庭农场绿色生产制度内容以基础设施建设制度的频度最高，其次是科技创新支撑制度和引导型制度；2017年家庭农场绿色生产制度内容分布较为平均，相较而言，同 2016年类似，基础设施建设制度、科技创新支撑制度和引导型制度频度较高；2018 年，家庭农场绿色生产制度中仍以基础设施建设制度频度最高，其次为生产规范制度和财政补贴制度。总体来看，能力建设型制度和引导型制度的频度较高，且 2016 年最为突出，同时，激励型制度也有所加强。

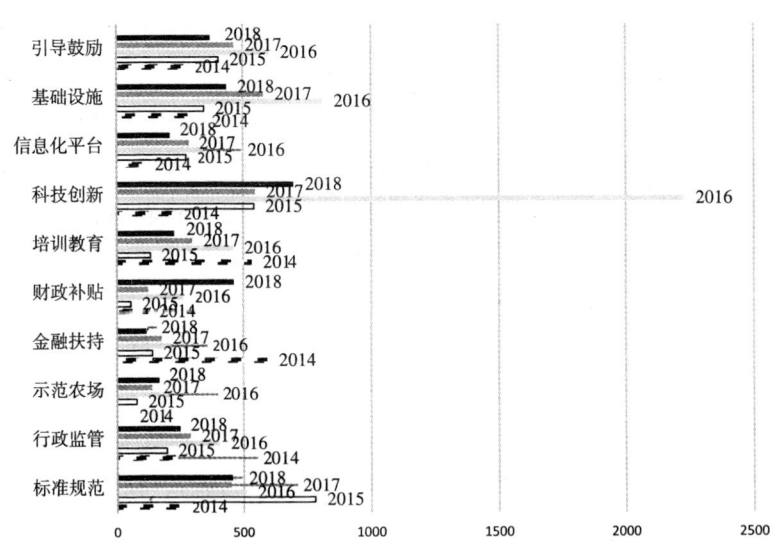

资料来源：本图根据全国人民代表大会、中央人民政府及其各部委的官网公布由作者绘制。

图 2-11 2014~2018 家庭农场农场绿色生产制度频度统计图

家庭农场绿色生产的发展有利于农业农村现代化的发展进程，也是乡村振兴战略实施的重要内容。家庭农场绿色生产的发展最终要依据制度进行规范和推进，科学有效的制度环境是推进我国家庭农场绿色生产甚至农业绿色生产的重要保障。全面回顾和分析五年来家庭农场绿色生产的政策法律文件，能够发现我国家庭农场绿色生产制度供给的特征和存在的不足。

2.2.2 我国家庭农场绿色生产制度供给的特征

通过政策法律文本的量化分析，可以看出我国当前针对家庭农场绿色生产所采取的主要政策与措施，同时也能发现制度欠缺的地方。在对2014~2018年家庭农场绿色生产政策法律文本进行分析的基础上，能够发现我国家庭农场绿色生产制度的主要特征。

总体来看，家庭农场绿色生产制度体系已初步形成。从家庭农场绿色生产政策法律文本来看，2014~2018年间政策法律文本数量总体上呈现逐年波动上升的趋势，政策法律文本的强度以中央政策文件为主导，但法律呈上升趋势，且强度逐渐超越中央政策文件。制度内容方面，制度内容显现多元化，且开始注重经济激励型制度的运用。同时，从制度的协同性来看，政府、社会、农场和院校一定程度上体现出互相配合和共同发力的特点。然而，家庭农场绿色生产制度也存在着发展不够均衡和不够合理的问题。

第一，我国家庭农场绿色生产制度体现出规制性较弱的特点。总体而言，制度类型以激励型和能力建设型为主，命令型制度较少。命令控制型制度虽在绿色生产规范方面发挥了一定的作用，但行政监管内容有限。激励型制度相对丰富，以金融扶持和财政补贴为主，辅之以示范农场制度。能力建设型较为广泛，包括人才培养、科技创新、基础设施建设以及平台建设等。此外，引导型工具使用相对单一，主要表现在引导和鼓励方面，宣传和推广家庭农场绿色生产方面的引导力量不足，良好的绿色生产氛围有待形成。

第二,我国家庭农场绿色生产制度体现出不均衡的特点。一方面,各类制度的使用频率不均衡,相较于其他类型的制度,能力建设型制度的使用频率较高。另一方面,同一类制度类型中,不同制度内容之间也存在频次的差距。例如命令型制度中对行政监管的使用频率较低,而标准规范使用频率较高;在激励型制度中示范农场政策使用频率较低,而金融扶持和财政补贴使用频率较高;能力建设型制度中平台建设和人才培养政策使用频率较低,而基础设施建设和科技创新支撑政策使用频率较高。

第三,我国家庭农场绿色生产制度体现出主体间配合性较差的特点,从参与治理的主体来看,规制工具覆盖的主体较全面,但各类主体间的配合性较差。其一,各类主体参与性参差不齐,政府比重最高,社会支持的力度显著不足。其二,各类主体所参与的制度内容缺乏协同性,无法体现政府、社会、院校以及农场协同发展的制度理念,不利于制度生态效应的充分发挥。

2.3 现行制度环境下家庭农场绿色生产的效应检视及面临的制度问题

2.3.1 现行制度环境下我国家庭农场绿色生产的效应检视

在农业高质量绿色发展的新型目标导向下,随着国家乡村振兴战略的深入推进,家庭农场绿色生产的效应主要体现在:一是家庭农场绿色生产行为的提升,即绿色生产的生态效应;二是家庭农场绿色生产产值的增加,即经济效应。因此,从制度目的角度来看,家庭农场绿色生产的制度目标以提高家庭农场绿色生产的生态效应和增加家庭农场绿色生产的经济效应为主。因此,通过检视现行制度环境下我国家庭农场绿色生产的生态效应和经济效应可以得出制度供给的效果。

第一，经济效应。家庭农场作为乡村振兴战略实施背景下的重要农业生产经营主体，对于农业发展和农村产业的振兴具有关键意义[1]。这就决定了家庭农场绿色生产制度在"乡村振兴"过程中必将发挥较为强大的经济效应，尤其在推动提高农业产值和现代农业发展中发挥核心主体功能。结合收集的相关信息数据可以发现，自2014~2018年全国家庭农场的平均产值由110.63万元增长到146.98万元（图2-12）。5年间家庭农场的平均产值总体呈波动式增长。可见，我国家庭农场绿色生产制度环境下家庭农场的经济效应在逐步上升，但存在发展不稳定的问题，尤其2015年以后的增长较为缓慢。

资料来源：本图根据《中国家庭农场发展报告》数据由作者绘制。

图2-12　2014~2018年家庭农场平均产值趋势图

我国家庭农场绿色生产制度中激励型制度侧重于经济效应的实现。但根据2014~2018年的家庭农场发展情况，其经济效应并未达

---

[1] 肖化柱、周清明："地域文化与家庭农场制度创新策略——基于家庭农场利益主体演化博弈的分析"，载《农村经济》2018年第6期。

第 2 章 家庭农场绿色生产现状及面临的制度问题

到应有的效果。激励型制度中的金融扶持和财政补贴较多,但其经济效应不够显著,原因是制度有效性和制度落地存在诸多阻碍。一方面,现行的财政补贴大部分都转变成了对农场的收入补贴,难以发挥财政资金对农业生产的杠杆作用;另一方面,家庭农场的评定和注册缺乏规范化的管理,引起其准入规则的混乱,因而不可避免存在为谋求家庭农场生产所发放的经济补助而随意注册的情况,这在一定程度上对真正进行家庭农场经营的主体利益造成了不利影响。此外,金融扶持则在家庭农场等农业生产领域的支持力度不够、创新不足,农业绿色生产方面的绿色金融工具的适用性、可行性和具体操作缺乏深入研究[1]。

第二,生态效应。目前农村面源污染对于环境的影响非常恶劣,且分布广泛,相较于点源污染,面源污染是影响农业生态环境的更严重的污染形式[2]。在家庭农场的经营活动中,践行绿色生产理念,从而实现农业经营的生态效应,这在极大程度上需要依托于农场经营主体的积极响应,具体体现为绿色生产行为,包括化肥施用量的减少、绿色施肥技术的采纳、农药使用量的减少、秸秆和农膜的绿色处理方式等。根据《中国家庭农场发展报告》(2015~2019年)中家庭农场的监测数据可以发现(图2-13),家庭农场在 2015~2019 年实施绿色生产期间的总趋势良好,其中化肥施用量少于周边农户的占比、农药使用量少于周边农户的占比、采用测土配方技术施肥的占比以及地膜回收处理占比总体呈增长趋势,节水灌溉占比及秸秆绿色处理占比则有所减少。可见,在家庭农场绿色生产制度环境下家庭农场绿色生产的生态效应良好。但存在绿色生

---

[1] 武燊、马跃进:"家庭农场立法的相关问题探讨",载《理论探索》2021 年第 6 期。

[2] 杨芷晴、孔东民:"我国农业补贴政策变迁、效应评估与制度优化",载《改革》2020 年第 10 期。

产行为的发展较为缓慢且不稳定,以及绿色生产方式的发展不均衡等问题。

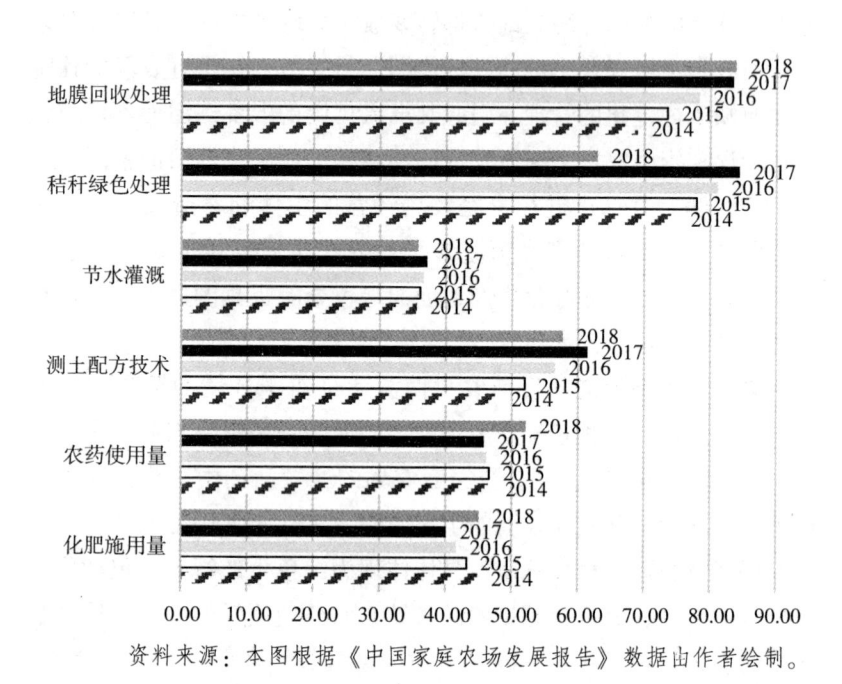

图 2-13 家庭农场绿色生产方式趋势图

资料来源:本图根据《中国家庭农场发展报告》数据由作者绘制。

我国家庭农场绿色生产制度中命令型制度和能力建设型制度侧重于家庭农场绿色生产的生态效应的实现。然而,家庭农场绿色生产的生态效应的表现并不理想,究其原因,一方面是因为规制强度不够,制度强度总体较低,尤其法律文件偏少,导致规制刚性不足;另一方面是命令型制度中的绿色生产标准规范与农场生产经营者的综合素质以及基础设施建设状况有关。目前我国家庭农场生产经营者的受教育程度普遍较低,农业基础设施建设较为落后,家庭农场的内外部条件难以满足绿色生产的要求。此外,制度间的结合度较低。能力建设型制度中的科技创新和人才培养与家庭农场绿色生产的结合度不够紧密，与命令型制度的配合度较差。鉴于目前家庭农场绿色生产行为的缓慢发展，家庭农场绿色生产的生态效应欠佳，应对其制度进行加强和优化。

2.3.2 现行制度环境下家庭农场绿色生产面临的制度问题及优化必要性分析

一方面，通过对我国家庭农场绿色生产实践的整体现状进行梳理，发现影响家庭农场绿色生产健康发展的制度因素主要有：一是家庭农场法律地位的不明确，二是家庭农场的扶持制度不完善。因此，亟需明确家庭农场的法律地位等主体性法律问题，为家庭农场绿色生产的发展提供法律依据和保障，同时要全面完善家庭农场绿色生产的扶持制度，为家庭农场绿色生产的健康发展提供全方位的制度支持。另一方面，通过对我国家庭农场绿色生产制度的整体现状进行梳理，发现当前我国家庭农场绿色生产制度存在整体规制强度不足、制度内容不均衡且制度间协同性较差等问题。同时，现行制度环境下家庭农场绿色生产的生态效应和经济效应增长较为缓慢且不稳定。由此可见，当前我国家庭农场绿色生产的发展不仅面临着制度的约束，同时制度本身也存在着制度形式、制度内容等方面的不足，导致现行制度环境下家庭农场绿色生产的效应也并不乐观。所以针对我国家庭农场绿色生产的发展，应当全面贯彻和落实绿色生产制度，这不仅是当前发展的迫切需求，也是提升家庭农场绿色生产的生态效应和经济效应的必由之路。

2.4 小结

本章首先对我国家庭农场绿色生产实践现状进行分析，并发现制约家庭农场绿色生产发展的制度因素；其次对我国家庭农场绿色生产制度供给进行梳理，分析目前制度供给的特征；最后对现行制度环境下我国家庭农场绿色生产的经济效应和生态效应进行检视，进而发现家庭农场绿色生产制度存在的困境，需要对我国家庭农场绿色生产制度进行整合提质，实现家庭农场绿色生产制度环境的整体优化。

第3章 制度环境影响家庭农场绿色生产效应的理论分析

本章将重点讨论制度环境对家庭农场绿色生产效应的影响机理与作用路径。首先，分别从投入的角度和产出的角度就制度环境对家庭农场绿色生产效应的影响进行讨论；其次，运用制度变迁理论和成本收益分析理论厘清制度环境对家庭农场绿色生产效应的影响机理；最后，探究制度环境对家庭农场绿色生产效应影响的具体作用路径。通过分析，为后续实证研究奠定一定的理论基础。

3.1 制度环境对家庭农场绿色生产效应的影响分析

根据哲学原理，任意两事物间一定存在联系，二者会互相影响，并产生一定作用效果。制度环境与家庭农场绿色生产效应两者同样遵循上述原则，其存在影响关系，并且在制度环境对家庭农场绿色生产效应产生影响的同时，家庭农场绿色生产的效应也会对制度环境产生一定影响。本文主要探讨制度环境对家庭农场绿色生产效应的影响。

3.1.1 投入视角

关于农业绿色生产的效应测算，需详细考虑生产中各投入、产出要素，故农业生产中要素投入及变化是生态效应的决定性因素。本研究界定的家庭农场绿色生产的生态效应是由家庭农场的劳动力、土地、资金等投入要素与绿色生产行为提升的投入产出测算而得。根据现有研究成果可知，制度环境会通过影响农业生产要素价格[1]、农业生产者获利预期及风险偏好[2]等，改变农户的农业生产行为，包括农业生产要素的投入，最终影响农业生产要素配置。因此，从家庭农场绿色生产要素投入视角考虑，制度环境对家庭农场绿色生产效应的影响是显而易见的。

农业绿色生产效应可从两方面进行分析：农业绿色技术效率和农业绿色技术进步[3]。若制度环境的存在，促使农业生产要素投入引起的生产规模和生产结构变化，能够和技术进步及技术效率相匹配，那么制度环境对家庭农场绿色生产效应就有提升作用；反之，制度环境对家庭农场绿色生产效应有抑制作用。

基于上述分析，从家庭农场绿色生产要素投入视角出发，制度环境对家庭农场绿色生产效应影响的具体路径，如图3-1所示。

---

[1] 王亚芬、周诗星、高铁梅："我国农业补贴政策的影响效应分析与实证检验"，载《吉林大学社会科学学报》2017年第1期。

[2] 吴海涛、霍增辉、臧凯波："农业补贴对农户农业生产行为的影响分析——来自湖北农村的实证"，载《华中农业大学学报（社会科学版）》2015年第5期。

[3] 叶初升、惠利："农业财政支出对中国农业绿色生产率的影响"，载《武汉大学学报（哲学社会科学版）》2016年第3期。

第3章 制度环境影响家庭农场绿色生产效应的理论分析

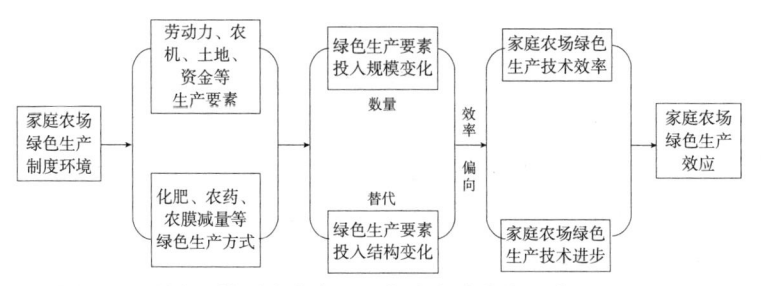

图 3-1 制度环境对家庭农场绿色生产效应的影响（投入视角）

3.1.2 产出视角

由农业绿色生产生态效应的测度公式得出，农业产出变化决定农业绿色生产效应。农业产出既要考虑农业经济产值类正向产出，也要考虑农业污染排放类负向产出。对此，在分析制度环境对家庭农场绿色生产效应影响时，一方面要考虑由制度环境优化带来的生产要素投入增加所导致的家庭农场经济效应（如粮食产量、收入等）提升；另一方面也要测算由于制度环境的优化使家庭农场经营者对化肥、农药和农膜等农业化学品生产要素的使用减量而导致的绿色生产的生态效应的提升[1]。

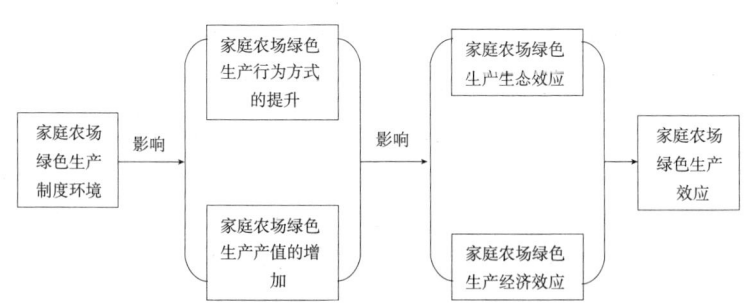

图 3-2 制度环境对家庭农场绿色生产效应的影响（产出视角）

---

[1] 肖锐、陈池波："财政支持能提升农业绿色生产率吗？——基于农业化学品投入的实证分析"，载《中南财经政法大学学报》2017年第1期。

由图 3-2 可知，家庭农场绿色生产效应可分为绿色生产生态效应和经济效应两个层面，且制度环境对其影响的方向存在差异，既有正向影响，又有负向影响。在经济效应不变的情况下，制度环境导致家庭农场绿色生产的生态效应的降低，将会造成家庭农场绿色生产效应的下降；制度环境促使家庭农场绿色生产的生态效应的提高，能够提升家庭农场绿色生产效应。然而，现实情况是家庭农场绿色生产的经济效应和生态效应同时变动，此时，需构建合理的理论分析框架，选用准确的计量方法，综合考虑绿色生产的经济、生态效应，进而探究制度环境对家庭农场绿色生产效应的影响。

3.2 制度环境对家庭农场绿色生产效应影响的作用机理

上一节分别从投入的角度和产出的角度就制度环境对家庭农场绿色生产效应的影响进行了充分讨论，本节将进一步厘清制度环境对家庭农场绿色生产效应的影响机理，并分析制度环境对家庭农场绿色生产效应的主要作用。

3.2.1 制度环境对家庭农场绿色生产效应的影响机理

根据制度经济学中以诺斯为代表的制度变迁理论，当制度供给无法满足制度需求时，便会发生制度变迁。如果现有制度环境下的相关制度能够促使某些生产要素价格或者收益预期发生变化，生产要素的投入规模或者投入结构就会发生变化，并相应地带动技术创新或者资源配置结构的优化，进而产生相应的技术效应或者结构效应，从而引起生产经营效应的变化。如果是正向的促进影响，那么现有制度环境较为良好，不会发生制度变迁，而如果是负向的抑制作用，那么必然发生制度变迁。因此，分析现有制度环境对家庭农场绿色生产效应的影响机理对理解和预测制度变迁非常关键。

第3章 制度环境影响家庭农场绿色生产效应的理论分析

现有制度环境下，如果相关制度会引起家庭农场绿色生产成本的降低，或者增加其正外部性行为带来的收益，通过将其绿色生产的正外部性行为内生化，就会使家庭农场绿色生产的行为意愿增强，从而刺激家庭农场经营者调整生产要素投入规模或者投入结构，积极主动从事绿色生产。无论是优化要素投入结构，还是增加要素投入规模，均会影响到家庭农场绿色生产的效应。这是因为，从成本收益的角度看，制度环境给农场主带来降低成本、提高收益的稳定预期，农场主为了实现利润的最大化，一方面会通过优化要素的投入结构来实现资源的有效配置，提升技术效率，以较低的成本获取更大的收益，实现绿色生产经济效应的提升；另一方面可能会从长远发展的角度采纳更加先进的绿色生产技术，虽然增加了相应的技术成本投入，但由此带来的集约环保生产过程以及优质绿色农产品的产出，会大大提升生态效应；同时，良好的制度环境以及食品安全的消费需求，会产生绿色农产品的增值溢价效果，也会产生良性的经济效应反馈。但如果现行制度无法降低绿色生产成本、提升绿色生产收益，就无法实现正外部性行为的内生化，当然也就无法提升相应的绿色生产效应，由此就会发生制度变迁。具体制度环境对家庭农场绿色生产效应的影响机理如图3-3所示：

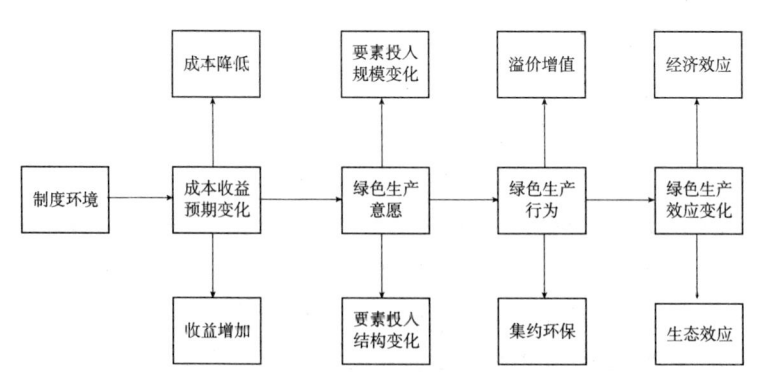

图3-3 制度环境对家庭农场绿色生产效应的影响机理

3.2.2 制度环境对家庭农场绿色生产效应的作用功能

就制度环境对家庭农场绿色生产效应的影响而言，其作用功能主要表现为下面两点：

（1）激励作用以及约束作用（反激励作用）

在家庭农场绿色生产过程中，家庭农场经营者若获得财政金融制度的资金扶持，则其从事绿色生产的内在动力势必得到激发。此时，制度环境的激励效应就可通过制度的运行机制得以实现，家庭农场的绿色生产能力、绿色生产的科技创新水平得以提高，进而有利于家庭农场绿色生产的生态效应和经济效应的提高。反之，若没有获得财政金融制度等资金扶持，由于农业生产本身具有高风险、高成本的"两高"特点，许多家庭农场主就会囿于资金压力，很难再继续积极主动地进行绿色生产，使家庭农场绿色生产的生态效应和经济效应处于较低水平。近年来，我国家庭农场绿色生产的财政金融等制度在家庭农场的基础设施建设、农业科技创新与推广等方面给予了大力支持，家庭农场绿色生产的科技要素、资金要素以及设施等要素均得到了不同程度的支持，上述制度成为家庭农场绿色生产的良好外部环境。当然，财政、金融等方面的资金扶持制度不仅会提升家庭农场绿色生产的经济效应，还会产生社会资本向家庭农场绿色生产投资的导向，这些都有利于推进我国家庭农场绿色生产的发展进程，进而提升家庭农场绿色生产效应。因此，制度环境对家庭农场绿色生产效应的影响作用之一为激励。

除了直接的激励作用外，还有一种反激励，即约束作用。我国家庭农场的绿色生产仍面临着诸多问题和挑战，也需要命令型的规范监管制度进行调整。因此，制度环境通过家庭农场绿色生产的约束规范类制度能够不断调整家庭农场绿色生产要素投入的规模及结构。通过针对家庭农场未按绿色生产规范从事生产经营的行为进行监管、处罚，从而增加其违规成本，产生约束的反激励效果。硬约束不仅明确了家庭农场绿色生产中经营者应担的责任、所付成本及可得利益，还明确了家庭农场经营者进行非绿色生产的责任和成本。也就是说，制度环境对家庭农场的绿色生产具有外部性内生化的作用，在将绿色生产的正外部性效益内生化的同时，还能够将非绿色生产的负外部性影响内生为家庭农场的违规成本。

(2) 资源优化配置的作用

在资源要素总量不变的基础上，通过调整要素的结构能够优化要素的配置。同公共物品或准公共物品类似，农业自然资源同样具有其相应特征，但由于市场具有趋利性，使得农业自然资源使用很难达到效益最大化。通过制度环境的激励与反激励作用，能够使农业生产要素资源得以优化配置，改变内部生产要素的规模与结构特点，从而有利于家庭农场绿色生产的结构效应与技术效应的提升。制度环境可以体现出政府对家庭农场绿色生产的发展总体上的把握，其通过发挥政策导向、载体、凝聚等作用，促进农业投入要素资源的合理配置，最终影响家庭农场绿色生产的生态效应和经济效应。制度环境通过其导向作用，能改变家庭农场经营者的绿色生产意愿和绿色生产行为，进而不断调整其绿色生产规模与绿色生产结构；制度环境通过其载体的功能，将促进家庭农场绿色生产的相关金融扶持及财政补贴等制度作为一定的载体，来优化家庭农场绿色生产的要素投入资源的配置，提升绿色生产效应；通过其凝聚作用，招纳从事农业绿色生产方面的专业人才，提升农业生产中绿色技术覆盖率，实现家庭农场绿色生产中生产要素与经济资源优势互补；通过优化作用，不断促进家庭农场绿色生产的生态效应和经济效应。鉴于此，制度环境对家庭农场绿色生产资源配置的四大影响作用，将会使家庭农场绿色生产的规模、绿色生产的结构、劳动力生态效应、土地生产生态效应、绿色生产科技等发生变化，而这些因素的变化都将会引起家庭农场绿色生产的生态效应和经济效应的变化。当然，在不同的地区及不同的实施环境下，制度环境对家庭农场绿色生产效应的影响作用也会有所不同。

3.3 制度环境对家庭农场绿色生产效应影响的作用路径

上文基于投入产出视角辨析了制度环境对家庭农场绿色生产效应的影响，探讨了制度环境对家庭农场绿色生产效应的影响机理，本节将进一步分析其具体的作用路径。通过分析可知，制度环境对家庭农场的劳动力、土地和资本等生产要素投入方面产生影响，而生产要素投入变化会产生结构效应和技术效应，从而影响家庭农场绿色生产效应。有鉴于此，制度环境经由家庭农场绿色生产要素投入作用于家庭农场绿色生产的效应。具体作用路径如图3-4。

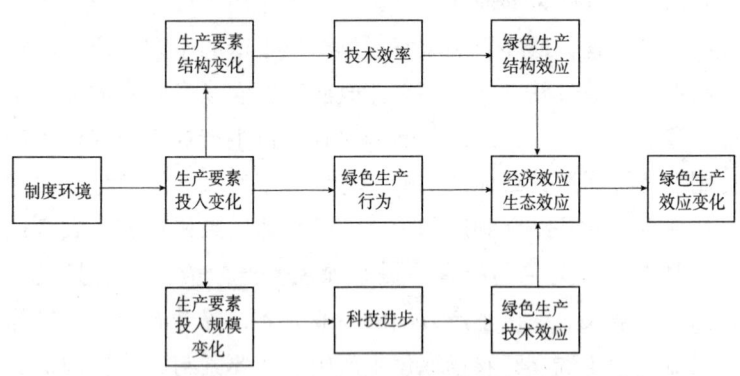

图3-4 制度环境对家庭农场绿色生产效应的作用路径

3.3.1 制度环境对家庭农场绿色生产要素投入的作用路径

制度环境下，一定的制度内容能够直接或间接地对家庭农场绿

第3章　制度环境影响家庭农场绿色生产效应的理论分析

色生产的要素价格产生影响，通过这种影响能够改变家庭农场绿色生产的要素投入规模或者投入结构[1]。此外，制度环境影响农业绿色生产中生产者的预期收益和风险偏好，对生产者从事农业生产决心及行为产生干扰，进而改变其农业生产经营中生产要素投入总量及结构[2]。

（1）制度环境对家庭农场绿色生产要素投入规模的影响

从家庭农场绿色生产的要素成本以及技术进步的维度来分析，制度环境对家庭农场绿色生产效应的影响，可通过图 3-5 来表达。在图 3-5 中，横轴为家庭农场绿色生产要素投入，纵轴为家庭农场的绿色产出与生产成本，OA 和 OB 为不存在家庭农场绿色生产扶持制度时的家庭农场绿色生产函数与成本函数。如果要使家庭农场绿色生产实现最大效应，那么需要边际成本要等于边际产出方可实现。也就是说，只有生产函数曲线与成本函数的平行线相切，此时才产生能够使家庭农场绿色生产效应最大化的要素投入规模，那么在产生了最优的要素投入规模的同时，也是产生了最优的产出，分别为 T_1，Y_1。

制度环境可通过两种作用途径影响家庭农场绿色生产的产出，一是通过降低家庭农场的绿色生产成本来影响绿色产出规模，由图 3-5 所示，制度环境下相关的制度内容若能够减少家庭农场绿色生产的投入成本，那么成本函数将下移，此时，下移后的成本函数 OB_1 之平行线 l_2 与上移后的生产函数相切，此时便产生了新的最优产出 Y_2；二是通过促进家庭农场绿色生产的技术进步来影响家庭农场的绿色产出规模，家庭农场绿色生产的扶持制度有利于提高家庭

---

[1] 王亚芬、周诗星、高铁梅：“我国农业补贴政策的影响效应分析与实证检验”，载《吉林大学社会科学学报》2017 年第 1 期。

[2] 吴海涛、霍增辉、臧凯波：“农业补贴对农户农业生产行为的影响分析——来自湖北农村的实证"，载《华中农业大学学报（社会科学版）》2015 年第 5 期。

农场的绿色生产投入的数量与质量，从而拓展了家庭农场绿色生产技术的可能性边界，同样可以通过图 3-5 进行表示。在制度的影响下，生产函数上移，此时与原成本函数的平行线相切，切点为 E_3，由此家庭农场绿色产出最优规模又增至 Y_3 水平。综合以上分析，在家庭农场绿色生产的产出规模一定条件下，特定的制度环境会促使家庭农场绿色生产增加相应的生产要素投入。

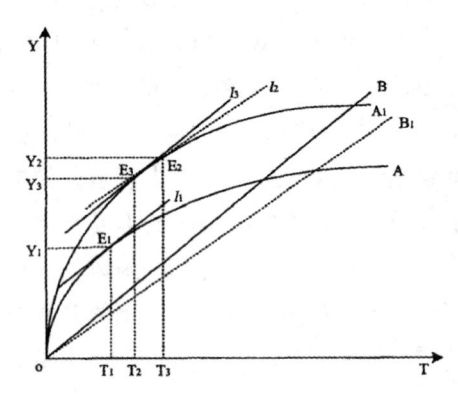

图 3-5 家庭农场绿色生产成本、技术进步与绿色产出的关系图

（2）制度环境对家庭农场绿色生产的要素投入结构的影响

制度环境对家庭农场绿色生产要素投入的影响，除了表现在投入规模外，也表现在投入结构方面。具体来说，制度环境中的制度内容可能会影响家庭农场绿色生产中某一要素的投入，也可能会影响家庭农场绿色生产中某几类要素的投入结构，具体的要素投入结构影响可以通过图 3-6 进行表示。其中，资本投入由 K 表示，人力投入由 L 表示，在制度环境不影响家庭农场绿色生产要素结构的情况下，绿色生产的产出为 l_1。

第 3 章 制度环境影响家庭农场绿色生产效应的理论分析

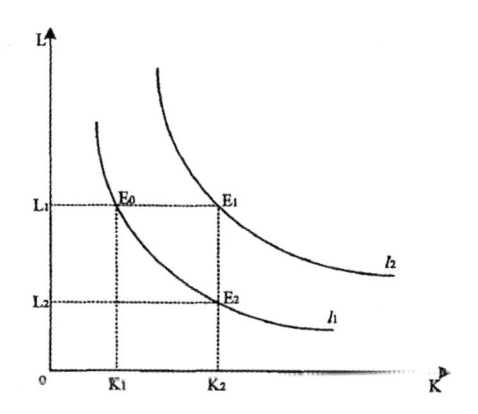

图 3-6 制度环境对家庭农场绿色生产要素投入结构的影响

进一步地，假设家庭农场绿色生产扶持制度对家庭农场绿色生产的要素投入进行补贴或者其他资金支持时，家庭农场绿色生产的总资本投入量由 K_1 增加至 K_2，假设人力投入未受制度环境的影响，那么家庭农场绿色生产的产出则为 l_2，也就是说此时实现的更多产出是基于增加资本要素的投入替代了人力的投入。

反之，若家庭农场绿色生产的产出不变，而资本投入同样由 K_1 增加至 K_2，那么此时是由于家庭农场减少了人力要素的投入，由 L_1 下降为 L_2，也就是说此时产出保持不变是基于资本要素的投入增加替代了人力要素的投入降低。通过上述分析，可以看出制度环境对家庭农场绿色生产要素投入结构方面的作用机理。

可见，适当的政策法律制度对农业生产效应具有积极的促进作用，而不合理、不科学的制度则会抑制农业生产经营效应的提升，同时对资源环境产生不必要的浪费和污染。因此，提升农业绿色生产效应，需综合运用各项政策工具，包括法律制度、专项行动、技术创新推广等,将其作为一个整体的制度环境来推动[1]。

3.3.2 家庭农场绿色生产要素投入对家庭农场绿色生产效应的作用路径

理论层面上,本研究界定的家庭农场绿色生产的生态效应是由农业劳动力、土地、农业机械、资本等投入要素与农药、化肥、农膜等减量情况(绿色生产行为的提升情况)测算而得。已有研究认为,农业绿色生产的生态效应增长的主要原因是农业绿色生产的技术进步和技术效率的提高[2],而其中的根本动因是技术进步。技术效率可由家庭农场绿色生产要素投入的结构改变得以提高[3],技术进步可由科学技术的创新与推广得以实现,而无论是技术效率抑或是技术进步作用的发挥均基于生产要素投入的变化。由此可见,家庭农场绿色生产要素投入对家庭农场绿色生产技术进步和技术效率的影响之大。

家庭农场绿色生产要素在制度环境的影响下发生变化时,一方面,家庭农场经营者会针对生产要素投入进行结构优化,实现农业生产资源的有效配置,能够提升农业绿色生产的技术效率,即提升了生产要素的结构效应;另一方面,家庭农场经营者为了获取更高的收益会更加积极主动地采纳先进的绿色生产技术,能够带来绿色生产的技术进步,即会提升绿色生产的技术效应。在家庭农场绿色生产技术效率和技术进步提升的同时,生态效应也得以提升。通常情况下,在不增加生产成本提升生态效应的同时,经济效应也会随之提升。原因在于,从投入角度看,优质的制度环境下,家庭农场进行绿色生产会享受到一定的经济补偿和物质激励,可以降低绿色

---

[1] 杜志雄、金书秦:"从国际经验看中国农业绿色发展",载《世界农业》2021年第2期。

[2] 梁俊、龙少波:"农业绿色全要素生产率增长及其影响因素",载《华南农业大学学报(社会科学版)》2015年第3期。

[3] 林毅夫:《制度、技术与中国农业发展》,上海三联书店1992年版。

第3章 制度环境影响家庭农场绿色生产效应的理论分析

生产成本；从产出角度看，优质的制度环境下，优质的绿色农产品拥有产品认证，加之消费者对绿色农产品认知及需求的不断增强，经济效应的反馈也会得到提升。

综上，生产要素投入及其变化会影响家庭农场绿色生产的结构效应和技术效应，从而提升技术效率和实现技术进步，使生态效应与经济效应共同提升。当然，不同地区存在各自的发展特点，自然条件以及社会经济发展程度等因素会造成不同的影响。

3.3.3 制度环境与家庭农场绿色生产要素投入对其绿色生产效应的作用路径

家庭农场的绿色生产要素投入是制度环境对家庭农场绿色生产效应影响的逻辑起点，而制度环境会导致家庭农场绿色生产要素投入规模和投入结构发生变化。因此，制度环境与家庭农场绿色生产要素投入共同作用于家庭农场的绿色生产效应。

在制度环境影响下，家庭农场绿色生产要素投入发生变化。如果家庭农场的绿色生产要素投入变化类型正符合家庭农场绿色生产的技术效率及技术进步偏向，在此种情况下，家庭农场绿色生产要素投入与家庭农场绿色生产的技术进步及技术效率最为匹配，相应的结构优化效应和技术创新效应则会显现，从而对家庭农场绿色生产的生态效应和经济效应产生积极的正向推动作用。如农业技术推广制度对于家庭农场绿色生产的技术进步具有重要影响，从而提高家庭农场的经济收入。尤其对施肥施药方面，加强技术推广与应用，在提升生态效应的同时，也增加了经济效应[1]。然而，若家庭绿色生产中生产要素投入情况与技术进步及技术效率的偏向不一致，即家庭农场绿色生产要素投入变化不满足技术进步和技术效率提升的需求，此时便不会产生相应的正向促进影响，而会呈现负向

---

[1] 刘畅、张馨予、张巍："家庭农场测土配方施肥技术采纳行为及收入效应研究"，载《农业现代化研究》2021年第1期。

阻碍作用。

3.4 小结

本章首先分别从投入和产出角度辨析了制度环境对家庭农场绿色生产效应的影响，探讨了制度环境对家庭农场绿色生产效应的影响机理与作用路径。家庭农场绿色生产要素投入及变化是制度环境对家庭农场绿色生产效应影响的内在动因，生产要素投入变化带来的结构效应和技术效应进而引起家庭农场绿色生产效应的变化。因此，在后文实证分析中，将家庭农场绿色生产的要素投入贯穿于整个研究过程当中。首先，通过家庭农场绿色生产要素投入及绿色生产行为表现来测算家庭农场绿色生产的生态效应水平；其次，根据制度环境对家庭农场绿色生产要素投入影响的研究假设，实证检验制度环境对家庭农场绿色生产效应的影响路径；最后，针对地区发展差异讨论效应影响的异质性。

第4章 现行制度环境下家庭农场绿色生产的生态效应评价

成本收益分析的理论来源是帕累托最优和潜在的帕累托改进理论，其不仅能够评价现行制度环境下生产经营的效应，同时在评价生产经营效应的基础上，为优化制度环境提供依据。因此，实现对家庭农场绿色生产制度环境的优化，前提是了解现有制度环境下我国家庭农场绿色生产的生态效应水平和经济效应水平。经济效应水平可以用家庭农场绿色生产的平均产值进行直接衡量，而绿色生产的生态效应水平则需要通过测算得到。对家庭农场绿色生产的生态效应进行评价是本文研究的关键，只有客观评价家庭农场绿色生产的生态效应，才能从定性和定量相结合视角分析制度环境对家庭农场绿色生产的生态效应的影响机理，从而有针对性地提出促进家庭农场绿色生产的制度供给建议。

因此，本章将借鉴前人的研究方法[1]，采用数据包络分析方法来测算我国家庭农场绿色生产的生态效应。本部分旨在运用普通

---

[1] 崔晓、张屹山："中国农业环境效率与环境全要素生产率分析"，载《中国农村经济》2014年第8期。
陈军民："新制度经济学视角下家庭农场的生成及运行效率研究——基于河南省的调查"，沈阳农业大学2017年博士学位论文。
韩海彬、赵丽芬："环境约束下中国农业全要素生产率增长及收敛分析"，载《中国人口·资源与环境》2013年第3期。

DEA、超效率 DEA 模型对我国 29 个省、自治区及直辖市 2014～2018 年家庭农场绿色生产的生态效应进行测算；通过 Malmquist 指数模型对家庭农场绿色生产生态效应的动态变化进行分析，进而深入研究生态效应动态变化的具体原因，力求能从时间序列演变和空间区域差异等方面分析我国家庭农场绿色生产生态效应的变化情况，总结出我国家庭农场绿色生产生态效应的发展规律和内在动因。

4.1 研究方法

关于家庭农场绿色生产的生态效应测算方法主要有参数法和非参数法两大类方法。参数法的主流代表是随机前沿方法（Stochastic Frontier Apprcach，SFA），由 Aigner（1977）[1]等学者提出。SFA 的核心是通过一个确定的生产函数来表示企业的生产过程，进而测算出微观个体的生产效率，同时进一步分析相关因素对于测算效率的影响。我们以 C-D 函数为例，假定前沿生产函数 $Y = f(X, B)$，随机前沿面通过公式 4-1 表示，vi 代表残差项，同时我们假设前沿生产函数符合独立同分布，ui 表示技术上的无效。经过运算，进一步得到第 i 单元的技术效率公式 4-2。非参数法则主要以 DEA 为代表，其中运用比较广泛的 DEA 模型，包括 CCR 模型、BCC 模型、超效率 DEA 模型等。本文采用非参数法测算家庭农场绿色生产的生态效应。

$$LnYi = \alpha + \sum_{K=1}^{r} \beta kLn\ Xki + vi + ui \qquad (4-1)$$

---

[1] Dennis J. Aigner, Ca Knox Lovell, Peter Schmidt, "Formation and Estimation of Stochastic Frontier Production Function Models", Journal of Econometrics, 6 (1977).

$$TEi = e - E[viei] \tag{4-2}$$

4.1.1 传统数据包络分析方法

1978 年由著名的运筹学家 Charnes、Cooper 和 Rhodes (1978)[1]在"相对效率评价"的基础上，提出一个用于评价相同部门的相对有效性的方法，该方法被称为数据包络分析方法 (DEA)。传统 DEA 是一种针对相对效率的评价方法，优势在于通过投出产出即可对相对效率进行测算，可以用于评价多投入以及多产出，并且无需通过特定的生产函数形式进行测算，是研究环境因素的农业生产效应问题的有力工具。使用的模型包括 BCC 模型和 CCR 模型。以 CCR 模型为例，其模型设定如下：

假设有 n 个决策单元 (DMU)，每个 DMU 都有 m 种类型的投入变量和 m 个产出变量。Xik 表示第 k 个 DMU 的第 i 种投入量，Yjk 表示第 k 个 DMU 的第 j 种产出量。记 $Xj = (X_{1j}, X_{2j}, X_{3j}, \ldots, X_{mj})^T$，$Yj = (Y_{1j}, Y_{2j}, Y_{3j}, \ldots, Y_{mj})^T$

$$\begin{cases} min\theta = VD \\ S.T \sum_{j=1}^{n} \gamma j Xj \leq \theta X0 \\ \sum_{j=1}^{n} \gamma j Yj \geq Y0 \\ \gamma j \geq 0, \ j = 1, 2, \ldots, n \end{cases}$$

其中被考察决策单元的总效率值表示为 γ，γ 的取值范围是 [0, 1]，当 $\gamma = 1$，该决策单元位于前沿面上，处于 DEA 的有效状态；当 $0 \leq \gamma < 1$，该决策单元处于非 DEA 有效状态。

---

[1] A. Charnes, W. W. Cooper, E. Rhodes, "Measuring the Efficiency of Decision Making Units", European Journal of Operational Research, 6 (1978).

4.1.2 超效率 DEA 模型

传统 DEA 模型测算值只能得到一个有效的 DMU,而我们在做效率测算时,可能会得到多个有效的 DMU。针对存在多个有效 DMU 情况,在传统 DEA 模型的基础上,Banker 和 Gifford(1988)构建出了超效率 DEA 模型,我们可以通过超效率 DEA 模型将多个有效的 DMU 进行重新排序。其模型设定如下:

$$Max\theta n = \frac{\sum_{j=1}^{J} unjYnj}{\sum_{j=1}^{I} VnjXnj}$$

$$\frac{\sum_{j=1}^{J} unjYnj}{\sum_{j=1}^{I} VnjXnj} \leq 1$$

$$unj, \ Vnj \geq 0, \ j = 1, 2, \ldots, n$$

上述方程中 θn 的最大值就是被考察决策单元的总效率值,其取值范围为 [0, 1],当 $\theta n = 1$,该决策单元位于前沿面上,处于 DEA 有效状态;当 $0 \leq \theta n < 1$,该决策单元处于非 DEA 有效状态。

4.1.3 Malmquist 指数模型

Malmquist 于 1953 年提出了 Malmquist 生产指数法,进一步分解为技术效率变化和生产技术变化。这样我们在评价家庭农场绿色生产的生态效应时可以对其产生的作用进行分解,在规模报酬不变的情况下,具体模型设定如下:

$$M(t+1) = \left[\frac{Dt(xt+1, \ yt+1)}{Dt(xt, \ yt)} \times \frac{Dt+1(xt+1, \ yt+1)}{Dt+1(xt, \ yt)} \right] \times \frac{1}{2}$$

第4章 现行制度环境下家庭农场绿色生产的生态效应评价

其中 xti 和 $xt+1i$ 表示 i 家庭在 t 期和 t+1 期的投入变量,yti 和 $yt+1i$ 为产出变量。Dti(xti,yti)、($xt+1i$,$yt+1i$) 表示 t 和 t+1 期的技术效率值,当期大于 1 说明存在生态效应改进,小于 1 时存在生态效应降低,等于 1 表示生态效应不变。Fare(1992)进一步提出技术效率变化(Effch):

$$Effch = \frac{Dt+1(xt+1,yt+1)}{Dt(xt,yt)}$$

同时取其平均值来衡量其技术变化(Techch):

$$Techch = \left[\frac{Dt(xt,yt)}{Dt+1(xt,yt)} \times \frac{Dt(xt+1,yt+1)}{Dt+1(xt,yt)}\right]\frac{1}{2}$$

Malmquist 指数可以分解技术效率变化和技术变化,即:

$$M = Effch \times Techch$$

4.2 指标选取与数据来源

4.2.1 指标选取原则

由于家庭农场绿色生产的复杂性,我们在通过 DEA 模型进行生态效应测算时,需要采用以下变量选取原则。

第一,系统性原则。家庭农场绿色生产过程由投入指标和产出指标构成,投入指标需系统考虑人力、物力、资本等,产出指标则着重考虑涉及影响生态效应的绿色产出。在进行家庭农场绿色生产的生态效应评价时,必须考虑充分,保证其系统性。

第二,科学性原则。家庭农场绿色生产的生态效应评价必须符合现代农业发展规律，遵循家庭农场绿色生产的价值实现，需要合理选择相关概念，严谨构造逻辑关系，科学选取指标，构造指标评价体系，达到理论充实和符合现实的科学性。

第三，实用性原则。在家庭农场绿色生产效应的研究中，需要以事实为基础，真实反映现实问题，进而才能保证得到的研究结论能够有效指导实践。

第四，可行性原则。由于家庭农场绿色生产的复杂性，评价指标数量很多，评价方法也各有不同，考虑到研究的可行性，需要综合自身研究能力和研究目标，通过适当的评价方法来选择必要的评价指标展开研究。

4.2.2 指标选取

本文在选择家庭农场绿色生产投入指标和产出指标时，主要考虑所选指标是否能够准确反映家庭农场绿色生产的生态效应评价。家庭农场绿色生产的生态效应测算的投入变量包含：保费支出（X1）、政府补贴（X2）、雇工数（X3）、自有劳动力（X4）、土地规模（X5）、农机数（X6）、仓库（X7）和晒场（X8）。具体来看，保费支出（X1）通过家庭农场保费支出的平均数来衡量；政府补贴（X2）为家庭农场获得各类补贴的平均值；雇工数（X3）为家庭农场常年雇工个数的平均值；自有劳动力（X4）为投放在农场的家庭成员人数的平均值；土地规模（X5）为种植类家庭农场经营土地的平均面积；农机数（X6）为每个家庭农场拥有农机的平均值；仓库（X7）为拥有仓库的农场平均仓库面积；晒场（X8）为拥有晒场的农场平均晒场面积。

家庭农场绿色生产生态效应测算的产出变量包含：亩均化肥施用量（Y1）、测土配方技术的采用（Y2）、亩均农药使用量（Y3）、节水灌溉方式（Y4）、秸秆还田方式（Y5）、地膜处理方式（Y6）。具体来看，亩均化肥施用量（Y1）代表家庭农场与周边农户相比

第4章 现行制度环境下家庭农场绿色生产的生态效应评价

农场化肥用量少占比;测土配方技术的采用(Y2)代表采用测土配方技术的农场占比;亩均农药使用量(Y3)代表与周边农户相比农场农药用量少占比;节水灌溉方式(Y4)代表采取喷灌、微喷灌、滴灌、渗灌的农场占比;秸秆还田方式(Y5)代表采取机械化还田、卖给发电厂和养殖场,以及再利用的农场占比;地膜处理方式(Y6)代表采取地膜回收处理方式的农场占比。以上产出变量可能不作为农业生产一般认为的产出,此处仅以绿色生产来进行衡量,将绿色生产方式的采纳程度作为绿色产出的变量。具体情况见表4-1:

表4-1 投入产出变量说明

变量类型		变量名称	符号
投入指标	资本投入	保费支出(%)	X1
	人力投入	政府补贴(%)	X2
	物力投入	雇工数(人)	X3
		自有劳动力(人)	X4
		土地规模(亩)	X5
		农机数(台)	X6
		仓库(平方米)	X7
		晒场(平方米)	X8
产出指标		亩均化肥施用量(%)	Y1
		测土配方技术的采用(%)	Y2
		亩均农药使用量(%)	Y3
		节水灌溉方式(%)	Y4
		秸秆还田方式(%)	Y5
		地膜处理方式(%)	Y6

4.2.3 数据来源与采集

通过农业农村部政策与改革司、中国社会科学院农村发展研究所联合编著的2015～2019年五年的《中国家庭农场发展报告》中关于2014～2018年五年的家庭农场发展的监测数据，来对家庭农场绿色生产的生态效应进行测度。相关变量描述性统计见表4-2。

表4-2 描述性统计

变量	样本量	均值	标准差	最小值	最大值
X1	145	8655.549	6994.642	18.500	35 600
X2	145	57 028.980	39 565.800	1362.320	206 700
X3	145	3.535	1.632	0	8.250
X4	145	3.121	0.531	2.270	5.210
X5	145	363.623	256.155	75.360	1 810.080
X6	145	23.085	14.629	1.450	72.390
X7	145	384.892	189.330	91.750	7 700.280
X8	145	883.908	555.817	133.930	2 400.810
Y1	145	47.703	23.166	0.310	99.530
Y2	145	60.553	22.154	3.470	95.410
Y3	145	53.287	24.188	0.410	103.800
Y4	145	40.119	41.913	0	416.400
Y5	145	84.009	20.147	20	139.090
Y6	145	80.882	17.939	16	108.350

注：根据STATA软件整理得到。

第4章 现行制度环境下家庭农场绿色生产的生态效应评价

从上表可以看出，各变量内部之间差异各不相同。如保费支出和政府补贴地区差距较大，而劳动力投入则差距较小。家庭农场绿色生产过程中保费支出平均值为8655.549元，标准差为6994.642，最小值为18.5元，最大值为35 600元，最大值和最小值相差1924倍，说明地区之间家庭农场绿色生产过程中保费支出相差较大。政府补贴的平均值57 028.980元，标准差为39 565.800元，最小值为1362.320元，最大值为206 700元，最大值和最小值相差151倍，虽然政府补贴各地区差距也很大，但是相比于保费支出的地区差距，呈现地区缩小的趋势。而家庭农场雇工数均值为3.535，标准差为1.632，最小值为0，最大值为8.250，说明地区之间家庭农场雇工差距不大。自有劳动力的最大值5.210与最小值2.270相差2.295倍，且平均值为3.121，这说明家庭农场绿色生产过程都有家庭劳动力参与，同时相比于雇工数，自有劳动力供给的地区差距更小。

以东中西地区分组，对各地区家庭农场绿色生产投入产出的部分指标进行分析。第一，保费平均支出方面（图4-1）。从整体上看，2014~2018年我国保费平均支出基本呈现逐年增长趋势。区域层面，图中显示中东部的保费支出要高于西部地区，体现出西部地区保费平均支出为全国最低的特征。这和各地区的经济发展水平和自身资源禀赋有密切关系。

本图根据《中国家庭农场发展报告》数据由作者绘制。

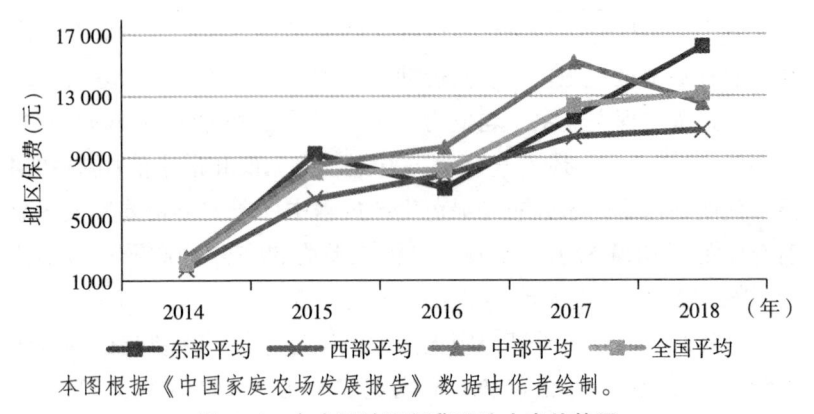

图 4-1 东中西地区保费平均支出趋势图

第二，财政补贴方面（图 4-2）。从整体上看，2014~2018 年我国保费平均支出呈缓慢增长态势，2014~2015 年增长明显，2015~2018 年增长缓慢。区域层面，同保费支出趋势类似，东部最高，中部次之，西部最低。财政补贴金额与当地政府的财政收支有密切的联系，投入情况也与我们通常的理解相吻合。

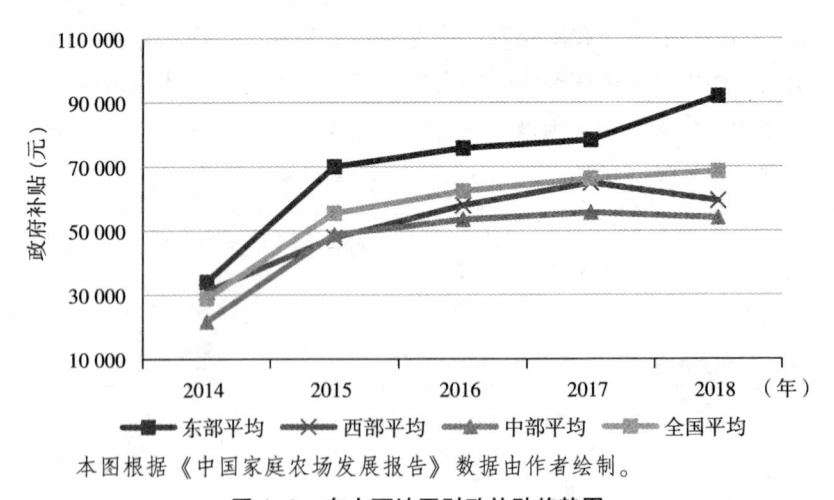

本图根据《中国家庭农场发展报告》数据由作者绘制。

图 4-2 东中西地区财政补贴趋势图

4.3 模型分析结果

本文使用传统 DEA 模型、Malmquist-DEA 模型和超效率 DEA 模型对我国家庭农场绿色生产的生态效应进行评价。本文选取我国 29 个省、自治区和直辖市样本数据,传统 DEA 模型、Malmquist-DEA 模型通过 DEAP2.1 软件进行测算,超效率 DEA 模型运用 MY-DEA1.0.5 进行分析。

4.3.1 传统 DEA 模型分析结果

本节首先采用 DEAP2.1 软件,运用 CCR 模型,对我国 29 个省、自治区及直辖市的家庭农场绿色生产的生态效应进行测算,测算结果如表 4-3 所示。2014~2018 年家庭农场绿色生产的生态效应整体上呈现上升的趋势,其中经济比较发达的地区(比如上海)家庭农场绿色生产的生态效应为 1,而经济相对落后的地区(比如青海、宁夏)家庭农场绿色生产的生态效应都低于 1。

表4-3 传统 DEA 模型(CCR)测算结果(东中西分地区)

地区	省份	2014	2015	2016	2017	2018	平均值
东	天津	1.000	0.803	0.879	1.000	0.918	0.920
东	河北	1.000	0.801	0.834	0.910	0.86	0.881
东	辽宁	1.000	0.768	0.785	0.937	0.873	0.873
东	上海	1.000	1.000	1.000	1.000	1.000	1.000
东	江苏	1.000	0.956	0.973	1.000	1.000	0.986
东	浙江	0.975	0.817	0.806	1.000	1.000	0.92

续表

地区	省份	2014	2015	2016	2017	2018	平均值
东	福建	1.000	0.951	1.000	1.000	1.000	0.990
东	山东	1.000	0.911	0.957	0.945	1.000	0.963
东	广东	1.000	1.000	1.000	1.000	0.925	0.985
东	海南	1.000	1.000	1.000	1.000	0.987	0.997
东部平均		0.998	0.901	0.923	0.979	0.956	0.952
西	内蒙古	1.000	0.823	0.584	0.807	0.882	0.767
西	广西	1.000	0.896	1.000	1.000	1.000	0.979
西	重庆	1.000	0.930	0.921	0.987	1.000	0.968
西	四川	1.000	1.000	1.000	1.000	1.000	1.000
西	贵州	1.000	1.000	1.000	1.000	1.000	1.000
西	云南	1.000	1.000	1.000	1.000	0.995	0.999
西	陕西	1.000	1.000	1.000	1.000	0.993	0.999
西	甘肃	0.891	0.723	0.858	0.995	0.856	0.864
西	青海	0.705	0.644	0.791	0.863	0.921	0.785
西	宁夏	0.972	0.936	0.776	0.865	1.000	0.910
西	新疆	1.000	1.000	0.970	1.000	0.987	0.991
西部平均		0.961	0.905	0.900	0.956	0.967	0.933
中	山西	1.000	0.951	0.992	0.955	1.000	0.980
中	吉林	1.000	0.643	1.000	0.792	0.858	0.859
中	黑龙江	1.000	0.695	0.584	0.807	0.882	0.794
中	安徽	0.848	0.827	0.965	1.000	1.000	0.928

第4章 现行制度环境下家庭农场绿色生产的生态效应评价

续表

地区	省份	2014	2015	2016	2017	2018	平均值
中	江西	1.000	0.979	1.000	0.883	0.969	0.966
中	河南	1.000	0.708	0.766	0.969	1.000	0.889
中	湖北	0.836	0.668	0.836	0.922	0.988	0.85
中	湖南	1.000	1.000	1.000	0.950	1.000	0.990
中部平均		0.961	0.809	0.893	0.910	0.962	0.907
全国平均		0.973	0.877	0.907	0.944	0.960	0.932

进一步对测算结果进行东中西地区分组后。通过表4-3可以看出，我国家庭农场绿色生产的生态效应比较高。整体而言，我国家庭农场绿色生产的生态效应趋势良好，全国家庭农场的平均绿色生产的生态效应值5年间均基本在0.8以上，表明测算期间内我国家庭农场绿色生产的生态效应保持在一个较高的水平上。从东中西地区角度来看，如图4-3所示，我国家庭农场绿色生产的生态效应值呈现东部地区高、中西部地区较低的态势，东中西地区的生态效应值差异显著。其中，东部地区最高，5年的生态效应平均值为0.952，其次为西部，5年的生态效应平均值为0.933，最低的地区为中部，5年的生态效应平均值为0.907。以上海和宁夏为例，宁夏2014~2018年家庭农场绿色生产的生态效应的平均值为0.910，上海2014~2018年家庭农场绿色生产的平均生态效应为1。这与地区之间的经济发展水平以及地区的资源禀赋密不可分，如地区之间保费支出和政府补贴等投入存在较大差异，进而出现地区之间家庭农场绿色生产的生态效应存在明显差异。这个结果与人们通常的认知理念相吻合。值得关注的是，2015年各地区的家庭农场绿色生产的生态效应值均出现不同程度的下降，最显著是中部地区。也正

是在这一年，农业农村部针对当前存在的粮食生产问题，专门印发了《关于大力开展粮食绿色增产模式攻关的意见》（以下简称《意见》），《意见》中总结了农业粮食生产的现状，并指出了存在的问题，尤其是资源环境等生态恶化的重点问题，因此，明确提出推进农业的绿色生产是农业可持续发展的必由之路。通过推广农业绿色生产技术、宣传农业绿色生产理念，提升农业绿色生产方式，进而达到保护生态环境和农业绿色发展的共同目标。可能由于制度的滞后特点，从2016年才开始显现出绿色生产的生态效应提升的效果，该数值自2016年起开始逐步提高。

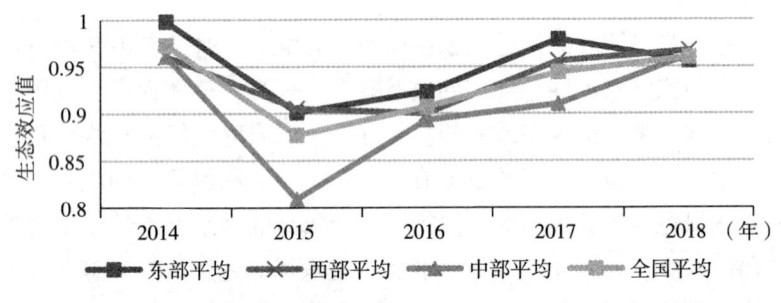

资料来源：本图根据DEAP软件运行数据结果由作者绘制。

图4-3 东中西家庭农场绿色生产的生态效应趋势图（CCR）

接着，进一步运用BCC模型，对我国29个省、自治区及直辖市的家庭农场绿色生产的生态效应进行测算，我们发现其测算的结果与CCR模型基本一致，测算结果如表4-4所示。通过表4-4可以看出整体上家庭农场绿色生产的生态效应比较高，近五年的平均值保持在0.885以上。进一步，对测算结果进行东中西地区分组。以江苏省和青海省为例，江苏省2014~2018年家庭农场绿色生产的生态效应的平均值为0.987，青海省2014年~2018年家庭农场绿色生产的生态效应平均值则为0.923。地区差异方面，如图4-4所

第4章 现行制度环境下家庭农场绿色生产的生态效应评价

示，2014年~2018年家庭农场绿色生产的生态效应整体上呈现上升的趋势，依旧体现为经济比较发达的地区高于经济相对落后的地区。

表4-4 传统DEA模型（BCC）测算结果（东中西分地区）

地区	省份	2014	2015	2016	2017	2018	平均值
东	天津	1.000	0.807	0.891	1.000	0.927	0.925
东	河北	1.000	1.000	0.844	0.928	0.886	0.932
东	辽宁	1.000	0.829	0.885	0.988	1.000	0.94
东	上海	1.000	1.000	1.000	1.000	1.000	1.000
东	江苏	1.000	0.964	0.973	1.000	1.000	0.987
东	浙江	1.000	0.897	0.812	1.000	1.000	0.942
东	福建	1.000	0.962	1.000	1.000	1.000	0.992
东	山东	1.000	0.916	0.964	0.952	1.000	0.966
东	广东	1.000	1.000	1.000	1.000	0.926	0.985
东	海南	1.000	1.000	1.000	1.000	1.000	1.000
东部平均		1.000	0.938	0.937	0.987	0.974	0.967
西	内蒙古	1.000	0.877	0.842	0.914	1.000	0.927
西	广西	1.000	0.897	1.000	1.000	0.988	0.977
西	重庆	1.000	0.930	1.000	1.000	1.000	0.986
西	四川	1.000	1.000	1.000	1.000	1.000	1.000
西	贵州	1.000	1.000	1.000	1.000	1.000	1.000
西	云南	1.000	1.000	1.000	1.000	1.000	1.000

续表

地区	省份	2014	2015	2016	2017	2018	平均值
西	陕西	1.000	1.000	1.000	1.000	0.997	0.999
西	甘肃	0.913	0.734	0.882	1.000	0.995	0.904
西	青海	0.955	0.818	0.915	0.943	0.986	0.923
西	宁夏	1.000	0.968	0.798	0.909	0.93	0.921
西	新疆	1.000	1.000	0.970	1.000	1.000	0.994
西部平均		0.988	0.929	0.946	0.979	0.991	0.966
中	山西	1.000	0.984	1.000	1.000	1.000	0.997
中	吉林	1.000	0.720	1.000	0.949	0.892	0.912
中	黑龙江	1.000	0.762	0.871	0.935	0.959	0.905
中	安徽	0.854	0.831	0.966	1.000	1.000	0.930
中	江西	1.000	1.000	1.000	0.885	0.969	0.971
中	河南	1.000	0.944	0.839	1.000	1.000	0.956
中	湖北	1.000	0.670	0.839	0.924	0.993	0.885
中	湖南	1.000	1.000	1.000	0.958	1.000	0.992
中部平均		0.982	0.864	0.939	0.956	0.977	0.944
全国平均		0.990	0.910	0.941	0.974	0.981	0.959

第4章 现行制度环境下家庭农场绿色生产的生态效应评价

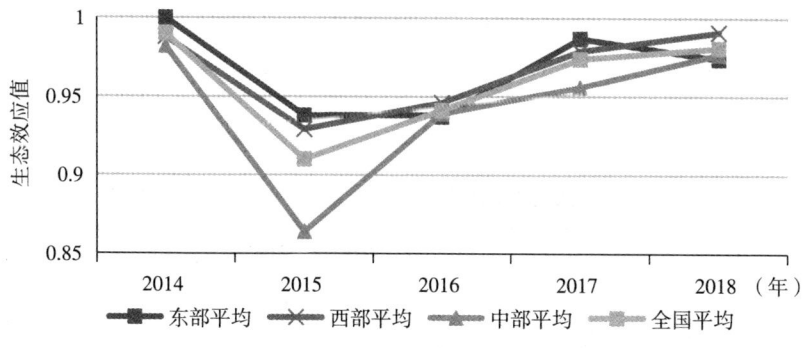

资料来源:本图根据 DEAP 软件运行数据结果由作者绘制。

图4-4 东中西家庭农场绿色生产的生态效应趋势图(BCC)

4.3.2 超效率DEA模型分析结果

在采用传统 DEA 的 CCR 模型和 BCC 模型对家庭农场绿色生产的生态效应进行测算的基础上,为了进一步对我国 29 个省、自治区及直辖市的家庭农场绿色生产的生态效应进行比较分析,本部分运用超效率 DEA 模型,通过 MYDEA.0.5 软件测算 2014~2018 年我国各地区家庭农场绿色生产的生态效应,将投入产出指标带入超效率 DEA 模型,测算出家庭农场绿色生产的生态效应,结果如表 4-5 所示。

进一步,对测算结果进行东中西地区分组后,通过表 4-5 可以看出,超效率 DEA 模型得到的结果地区之间的差异性更大,天津市、河南省、河北省、黑龙江省、湖北省、内蒙古自治区、安徽省、浙江省、甘肃省、青海省和宁夏回族自治区的家庭农场绿色生产的生态效应低于 1,海南省、广东省和上海市的绿色生产的生态效应远远超过 1。虽然广东省 2014 年~2018 年家庭农场绿色生产的生态效应为 2.212,处于平均水平以上,但其绿色生产的生态效应处于递减趋势,从 6.772 下降到 0.925。上海市、福建省、陕西省的家庭农场绿色生产的生态效应呈现出先下降后上升的 U 型趋势。

分地区来看，东部沿海地区家庭农场绿色生产的生态效应与中西部地区之间的有着明显的差异性，呈现东部最高、西部次之、中部最低的态势。

表 4-5 超效率 DEA 模型生态效应测算结果（东中西分区）

地区	省份	2014	2015	2016	2017	2018	平均值
东	天津	1.081	0.803	0.879	1.061	0.918	0.948
东	河北	1.093	0.801	0.834	0.910	0.860	0.899
东	辽宁	1.466	0.768	0.785	0.937	0.873	0.965
东	上海	2.455	1.282	1.052	1.723	1.916	1.685
东	江苏	1.188	0.956	0.973	1.123	1.098	1.067
东	浙江	0.975	0.817	0.806	1.103	1.145	0.969
东	福建	1.284	0.951	1.055	1.216	1.178	1.136
东	山东	1.184	0.911	0.957	0.945	1.067	1.012
东	广东	6.772	1.228	1.087	1.048	0.925	2.212
东	海南	11.187	1.715	1.291	1.826	1.836	3.571
东部平均		2.869	1.023	0.972	1.189	1.182	1.446
西	内蒙古	1.472	0.823	0.613	0.583	0.815	0.861
西	广西	1.534	0.896	1.045	1.088	0.987	1.110
西	重庆	1.686	0.93	0.921	0.987	0.987	1.102
西	四川	2.009	1.279	1.043	1.268	1.115	1.342
西	贵州	5.235	1.072	1.098	1.415	1.597	2.083
西	云南	2.207	1.084	1.068	1.445	1.912	1.543

第4章 现行制度环境下家庭农场绿色生产的生态效应评价

续表

地区	省份	2014	2015	2016	2017	2018	平均值
西	陕西	1.694	1.051	1.007	1.110	0.995	1.171
西	甘肃	0.891	0.723	0.858	0.995	0.993	0.892
西	青海	0.705	0.644	0.791	0.863	0.856	0.771
西	宁夏	0.972	0.936	0.776	0.865	0.921	0.894
西	新疆	1.317	1.159	0.97	1.098	1.036	1.116
西部平均		1.793	0.963	0.926	1.065	1.110	1.171
中	山西	1.799	0.951	0.992	0.955	1.020	1.143
中	吉林	5.692	0.643	1.012	0.792	0.858	1.799
中	黑龙江	1.320	0.695	0.584	0.807	0.882	0.857
中	安徽	0.848	0.827	0.965	1.042	1.055	0.947
中	江西	1.334	0.979	1.010	0.883	0.969	1.035
中	河南	1.144	0.708	0.766	0.969	1.033	0.924
中	湖北	0.836	0.668	0.836	0.922	0.988	0.85
中	湖南	1.325	1.044	1.043	0.95	1.139	1.100
中部平均		1.787	0.814	0.901	0.915	0.993	1.082
全国平均		2.150	0.933	0.933	1.056	1.095	1.233

4.3.3 Malmquist-DEA 模型分析结果

前面分别运用传统 DEA 模型和超效率 DEA 模型分析了我国家庭农场绿色生产生态效应的静态分布情况。为更好地分析我国家农场绿色生产生态效应在 2014~2018 年的动态变化趋势，本部分通过 Malmquist-DEA 模型进一步对我国各省、自治区及直辖市的家庭农场绿色生产的生态效应进行分析。通过 DEAP2.1 软件，选取 2014~2018 年我国 29 个省、自治区及直辖市的家庭农场绿色生产投入产出指标的面板数据，对家庭农场绿色生产生态效应的综合效应、纯技术效应和规模效应进行测算。测算结果分别如表 4-6、表 4-7、表 4-8 所示。其中，综合效应测算结果如表 4-6。我们发现以 2014 年为基期，我国 29 个省、自治区及直辖市的家庭农场绿色生产的生态效应整体呈现上升趋势，2014~2018 年综合生态效应小于 1 的只有河北省和天津市，其余 27 个省、自治区及直辖市的综合效应都大于 1。同时，可以发现云南省、贵州省、山东省、山西省、海南省、湖南省、四川省、福建省、江苏省、重庆市等地家庭农场绿色生产的生态效应为 1，保持不变。

纯技术效应测算结果如表 4-7。相比于综合效应的结果，发现河北省和宁夏回族自治区 2014~2018 年纯技术效应平均值低于 1，其他省、自治区和直辖市纯技术效应的平均值处于 1 或者高于 1，其中 19 个省、自治区和直辖市的纯技术效应不变，说明整体上看家庭农场绿色生产的生态效应变化幅度较小。规模效应测算结果如表 4-8。我们发现天津市、河北省和黑龙江省 2014~2018 年家庭农场绿色生产的规模生态效应低于 1，2014~2018 年我国 15 个省、自治区和直辖市的规模效应保持不变，安徽省、湖北省、青海省、甘肃省和宁夏回族自治区的家庭农场绿色生产生态效应的规模效应均高于 2014 年水平。

表 4-6　Malmquist-DEA 模型综合生态效应测算结果

序号	省份	2014	2015	2016	2017	2018	平均值
1	天津	1.000	1.000	0.969	1.032	0.967	0.994
2	河北	1.000	1.000	0.955	0.964	0.994	0.983

第4章 现行制度环境下家庭农场绿色生产的生态效应评价

续表

序号	省份	2014	2015	2016	2017	2018	平均值
3	山西	1.000	1.000	1.000	1.000	1.000	1.000
4	内蒙古	1.000	1.000	0.894	0.779	1.435	1.022
5	辽宁	1.000	1.000	0.939	1.055	1.009	1.001
6	吉林	1.000	1.000	1.000	0.809	1.236	1.009
7	黑龙江	1.000	0.909	0.751	1.287	1.092	1.008
8	上海	1.000	1.000	1.000	1.000	1.000	1.000
9	江苏	1.000	1.000	1.000	1.000	1.000	1.000
10	浙江	1.000	1.000	0.932	1.073	1.000	1.001
11	安徽	1.000	1.151	1.000	1.000	1.000	1.030
12	福建	1.000	1.000	1.000	1.000	1.000	1.000
13	江西	1.000	1.000	1.000	0.953	1.050	1.001
14	山东	1.000	1.000	1.000	1.000	1.000	1.000
15	河南	1.000	1.000	0.969	1.032	1.000	1.000
16	湖北	1.000	0.890	1.184	1.026	1.058	1.031
17	湖南	1.000	1.000	1.000	1.000	1.000	1.000
18	广东	1.000	1.000	1.000	1.000	1.000	1.000
19	广西	1.000	1.000	1.000	1.000	1.000	1.000
20	海南	1.000	1.000	1.000	1.000	1.000	1.000
21	重庆	1.000	1.000	1.000	1.000	1.000	1.000
22	四川	1.000	1.000	1.000	1.000	1.000	1.000
23	贵州	1.000	1.000	1.000	1.000	1.000	1.000

续表

序号	省份	2014	2015	2016	2017	2018	平均值
24	云南	1.000	1.000	1.000	1.000	1.000	1.000
25	陕西	1.000	1.000	1.000	1.000	1.000	1.000
26	甘肃	1.000	0.956	1.127	1.023	1.000	1.021
27	青海	1.000	1.039	1.365	0.879	1.138	1.084
28	宁夏	1.000	1.024	0.862	1.019	1.103	1.002
29	新疆	1.000	1.000	1.000	1.000	1.000	1.000

注：根据DEAP2.1软件测算结果整理。

表4-7 Malmquist-DEA模型纯技术效应测算结果

序号	省份	2014	2015	2016	2017	2018	平均值
1	天津	1.000	1.000	1.000	1.000	1.000	1.000
2	河北	1.000	1.000	1.000	1.000	0.951	0.987
3	山西	1.000	1.000	1.000	1.000	1.000	1.000
4	内蒙古	1.000	1.000	0.937	0.745	1.433	1.000
5	辽宁	1.000	1.000	0.945	1.058	1.000	1.000
6	吉林	1.000	1.000	1.000	0.810	1.234	1.009
7	黑龙江	1.000	0.948	0.775	1.327	0.994	1.009
8	上海	1.000	1.000	1.000	1.000	1.000	1.000
9	江苏	1.000	1.000	1.000	1.000	1.000	1.000
10	浙江	1.000	1.000	1.000	1.000	1.000	1.000
11	安徽	1.000	1.099	1.000	1.000	1.000	1.020

第4章 现行制度环境下家庭农场绿色生产的生态效应评价

续表

序号	省份	2014	2015	2016	2017	2018	平均值
12	福建	1.000	1.000	1.000	1.000	1.000	1.000
13	江西	1.000	1.000	1.000	1.000	1.000	1.000
14	山东	1.000	1.000	1.000	1.000	1.000	1.000
15	河南	1.000	1.000	1.000	1.000	1.000	1.000
16	湖北	1.000	0.985	1.015	1.000	1.000	1.000
17	湖南	1.000	1.000	1.000	1.000	1.000	1.000
18	广东	1.000	1.000	1.000	1.000	1.000	1.000
19	广西	1.000	1.000	1.000	1.000	1.000	1.000
20	海南	1.000	1.000	1.000	1.000	1.000	1.000
21	重庆	1.000	1.000	1.000	1.000	1.000	1.000
22	四川	1.000	1.000	1.000	1.000	1.000	1.000
23	贵州	1.000	1.000	1.000	1.000	1.000	1.000
24	云南	1.000	1.000	1.000	1.000	1.000	1.000
25	陕西	1.000	1.000	1.000	1.000	1.000	1.000
26	甘肃	1.000	1.098	1.000	1.000	1.000	1.024
27	青海	1.000	0.999	1.350	0.880	1.136	1.078
28	宁夏	1.000	1.000	0.969	0.959	1.058	0.996
29	新疆	1.000	1.000	1.000	1.000	1.000	1.000

注：根据 DEAP2.1 软件测算结果整理。

表 4-8 Malmquist-DEA 模型规模效应测算结果

序号	省份	2014	2015	2016	2017	2018	平均值
1	天津	1.000	1.000	0.969	1.032	0.967	0.992
2	河北	1.000	1.000	0.955	0.964	1.046	0.990
3	山西	1.000	1.000	1.000	1.000	1.000	1.000
4	内蒙古	1.000	1.000	0.955	1.046	1.001	1.000
5	辽宁	1.000	1.000	0.994	0.997	1.009	1.000
6	吉林	1.000	1.000	1.000	0.998	1.002	1.000
7	黑龙江	1.000	0.959	0.969	0.970	1.099	0.998
8	上海	1.000	1.000	1.000	1.000	1.000	1.000
9	江苏	1.000	1.000	1.000	1.000	1.000	1.000
10	浙江	1.000	1.000	0.932	1.073	1.000	1.000
11	安徽	1.000	1.047	1.000	1.000	1.000	1.012
12	福建	1.000	1.000	1.000	1.000	1.000	1.000
13	江西	1.000	1.000	1.000	0.953	1.050	1.000
14	山东	1.000	1.000	1.000	1.000	1.000	1.000
15	河南	1.000	1.000	0.969	1.032	1.000	1.000
16	湖北	1.000	0.903	1.167	1.026	1.058	1.034
17	湖南	1.000	1.000	1.000	1.000	1.000	1.000
18	广东	1.000	1.000	1.000	1.000	1.000	1.000
19	广西	1.000	1.000	1.000	1.000	1.000	1.000
20	海南	1.000	1.000	1.000	1.000	1.000	1.000
21	重庆	1.000	1.000	1.000	1.000	1.000	1.000

第4章 现行制度环境下家庭农场绿色生产的生态效应评价

续表

序号	省份	2014	2015	2016	2017	2018	平均值
22	四川	1.000	1.000	1.000	1.000	1.000	1.000
23	贵州	1.000	1.000	1.000	1.000	1.000	1.000
24	云南	1.000	1.000	1.000	1.000	1.000	1.000
25	陕西	1.000	1.000	1.000	1.000	1.000	1.000
26	甘肃	1.000	0.871	1.127	1.023	1.000	1.001
27	青海	1.000	1.040	1.011	0.998	1.002	1.013
28	宁夏	1.000	1.024	0.890	1.062	1.042	1.002
29	新疆	1.000	1.000	1.000	1.000	1.000	1.000

注：根据 DEAP2.1 软件测算结果整理。

针对地区发展差异的特点，将家庭农场绿色生产生态效应按地区进行分组探讨，具体为东中西三个地区，进而得到表4-9、表4-10、表4-11，相应地分地区测算结果趋势图如图4-5、图4-6、图4-7所示。根据分地区后的生态效应值和趋势图可以看出，2014~2018年我国家庭农场绿色生产的生态效应整体来看呈波动性增长，由技术进步和规模改进共同推动。具体来看，技术进步贡献的0.5%和规模改进贡献的0.2%共同构成了生态效应0.7%的增长率。2017~2018年，全国家庭农场绿色生产的综合生态效应得到了显著增长，相较于规模效应的提升贡献，技术效应的贡献较为显著。郭熙保和龚广祥（2021）[23]的研究也证明了这一点。根据索洛的观点，经济增长的根本动因是技术进步，我们的测算结果也显示，技术进步是提升我国家庭农场绿色生产生态效应的主要动力。因此，优化家庭农场绿色生产制度环境的重点应集中在提升技术进步方面的制度。

整体来看，2014~2018 年 5 年间家庭农场绿色生产的综合生态效应指数大于 1 的有一年，即 2018 年，小于 1 的为三年，即 2015~2017 年；纯技术效应指数大于 1 的有两年，即 2015 年和 2018 年，小于 1 的为两年，即 2016 年和 2017 年；规模效应制度大于 1 的有两年，即 2017 年和 2018 年，小于 1 的为两年，即 2015 年和 2016 年。由此可以看出，2018 年家庭农场绿色生产综合生态效应指数的提升是由技术效应和规模效应指数综合作用的，并且综合生态效应提升的部分，技术进步的贡献更为明显，达到 2.7%，规模发展的贡献为 1.1%。

分地区来看，东部地区的综合生态效应指数变化幅度较大，其中，规模效应指数变化幅度显著，而纯技术效应指数的变化幅度相对不明显。可以得出，东部地区规模发展对于家庭农场绿色生产的生态效应的提升较为明显。中部地区的综合生态效应指数变化幅度较小，纯技术效应指数和规模效应指数的变化幅度均较大，这说明中部地区的技术进步和规模发展对家庭农场绿色生产的生态效应的影响不够显著。西部地区的综合生态效应指数变化幅度较大，纯技术效应指数的变化幅度较大，规模效应指数的变化幅度较小，这说明在西部地区，家庭农场绿色生产的生态效应的提升重点依靠技术进步。由此可见，地区之间存在着差异，提升家庭农场绿色生产的生态效应，优化其制度环境，应因地制宜，对症下药。

表 4-9　Malmquist-DEA 模型综合生态效应测算结果

（东中西分地区）

序号	省份	2014	2015	2016	2017	2018	平均值
东	天津	1.000	1.000	0.969	1.032	0.967	0.994
东	河北	1.000	1.000	0.955	0.964	0.994	0.983

第4章 现行制度环境下家庭农场绿色生产的生态效应评价

续表

序号	省份	2014	2015	2016	2017	2018	平均值
东	辽宁	1.000	1.000	0.939	1.055	1.009	1.001
东	上海	1.000	1.000	1.000	1.000	1.000	1.000
东	江苏	1.000	1.000	1.000	1.000	1.000	1.000
东	浙江	1.000	1.000	0.932	1.073	1.000	1.001
东	福建	1.000	1.000	1.000	1.000	1.000	1.000
东	山东	1.000	1.000	1.000	1.000	1.000	1.000
东	广东	1.000	1.000	1.000	1.000	1.000	1.000
东	海南	1.000	1.000	1.000	1.000	1.000	1.000
东都平均		1.000	1.000	0.980	1.012	0.997	0.998
西	内蒙古	1.000	1.000	0.894	0.779	1.435	1.022
西	广西	1.000	1.000	1.000	1.000	1.000	1.000
西	重庆	1.000	1.000	1.000	1.000	1.000	1.000
西	四川	1.000	1.000	1.000	1.000	1.000	1.000
西	贵州	1.000	1.000	1.000	1.000	1.000	1.000
西	云南	1.000	1.000	1.000	1.000	1.000	1.000
西	陕西	1.000	1.000	1.000	1.000	1.000	1.000
西	甘肃	1.000	0.956	1.127	1.023	1.000	1.021
西	青海	1.000	1.039	1.365	0.879	1.103	1.002
西	新疆	1.000	1.000	1.000	1.000	1.000	1.000
西部平均		1.000	1.002	1.023	0.973	1.061	1.012
中	山西	1.000	1.000	1.000	1.000	1.000	1.000

续表

序号	省份	2014	2015	2016	2017	2018	平均值
中	吉林	1.000	1.000	1.000	0.809	1.236	1.009
中	黑龙江	1.000	0.909	0.751	1.287	1.092	1.008
中	安徽	1.000	1.151	1.000	1.000	1.000	1.030
中	江西	1.000	1.000	1.000	0.953	1.050	1.001
中	河南	1.000	1.000	0.969	1.032	1.000	1.000
中	湖北	1.000	0.890	1.184	1.026	1.058	1.031
中	湖南	1.000	1.000	1.000	1.000	1.000	1.000
中国平均		1.000	0.995	0.988	1.013	1.055	1.010
全国平均		1.000	0.999	0.997	0.999	1.038	1.007

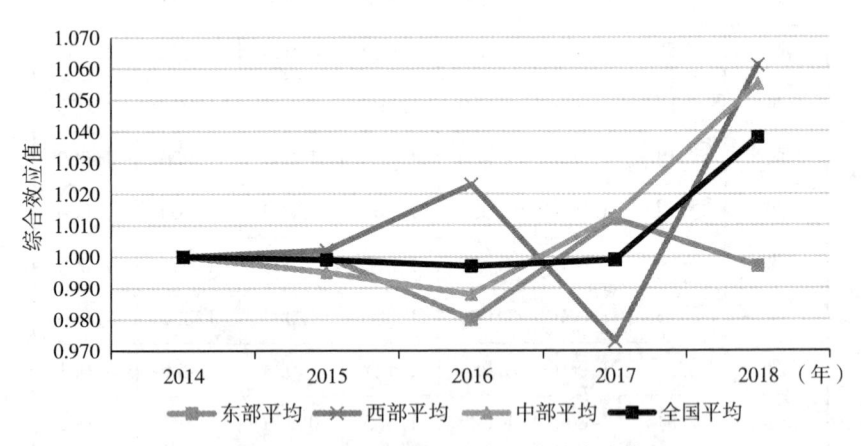

图 4-5 东中西指数模型综合生态效应趋势图

表 4-10 Malmquist-DEA 模型纯技术效应测算结果（东中西分地区）

序号	省份	2014	2015	2016	2017	2018	平均值
东	天津	1.000	1.000	1.000	1.000	1.000	1.000
东	河北	1.000	1.000	1.000	1.000	0.951	0.987
东	辽宁	1.000	1.000	0.945	1.058	1.000	1.000
东	上海	1.000	1.000	1.000	1.000	1.000	1.000
东	江苏	1.000	1.000	1.000	1.000	1.000	1.000
东	浙江	1.000	1.000	1.000	1.000	1.000	1.000
东	福建	1.000	1.000	1.000	1.000	1.000	1.000
东	山东	1.000	1.000	1.000	1.000	1.000	1.000
东	广东	1.000	1.000	1.000	1.000	1.000	1.000
东	海南	1.000	1.000	1.000	1.000	1.000	1.000
东部平均		1.000	1.000	0.995	1.006	0.995	0.999
西	内蒙古	1.000	1.000	0.937	0.745	1.433	1.000
西	广西	1.000	1.000	1.000	1.000	1.000	1.000
西	重庆	1.000	1.000	1.000	1.000	1.000	1.000
西	四川	1.000	1.000	1.000	1.000	1.000	1.000
西	贵州	1.000	1.000	1.000	1.000	1.000	1.000
西	云南	1.000	1.000	1.000	1.000	1.000	1.000
西	陕西	1.000	1.000	1.000	1.000	1.000	1.000
西	甘肃	1.000	1.098	1.000	1.000	1.000	1.024
西	青海	1.000	0.999	1.35	0.88	1.136	1.078

续表

序号	省份	2014	2015	2016	2017	2018	平均值
西	宁夏	1.000	1.000	0.969	0.959	1.058	0.996
西	新疆	1.000	1.000	1.000	1.000	1.000	1.000
西部平均		1.000	1.009	1.023	0.962	1.057	1.009
中	山西	1.000	1.000	1.000	1.000	1.000	1.000
中	吉林	1.000	1.000	1.000	0.81	1.234	1.009
中	黑龙江	1.000	0.948	0.775	1.327	0.994	1.009
中	安徽	1.000	1.099	1.000	1.000	1.000	1.020
中	江西	1.000	1.000	1.000	1.000	1.000	1.000
中	河南	1.000	1.000	1.000	1.000	1.000	1.000
中	湖北	1.000	0.985	1.015	1.000	1.000	1.000
中	湖南	1.000	1.000	1.000	1.000	1.000	1.000
中部平均		1.000	1.004	0.974	1.017	1.029	1.005
全国平均		1.000	1.004	0.997	0.995	1.027	1.005

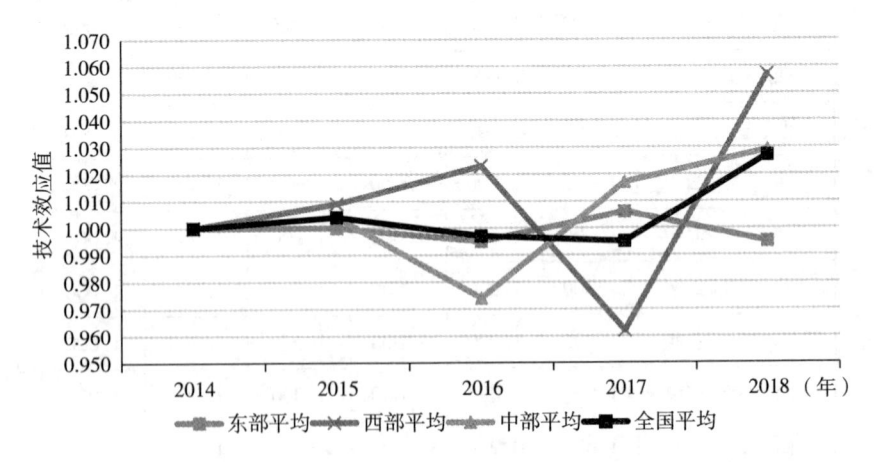

图 4-6 东中西指数模型纯技术效应趋势图

第4章 现行制度环境下家庭农场绿色生产的生态效应评价

表4-11 Malmquist-DEA模型规模效应测算结果（东中西分地区）

序号	省份	2014	2015	2016	2017	2018	平均值
东	天津	1.000	1.000	0.969	1.032	0.967	0.992
东	河北	1.000	1.000	0.955	0.964	1.046	0.990
东	辽宁	1.000	1.000	0.994	0.997	1.009	1.000
东	上海	1.000	1.000	1.000	1.000	1.000	1.000
东	江苏	1.000	1.000	1.000	1.000	1.000	1.000
东	浙江	1.000	1.000	0.932	1.073	1.000	1.000
东	福建	1.000	1.000	1.000	1.000	1.000	1.000
东	山东	1.000	1.000	1.000	1.000	1.000	1.000
东	广东	1.000	1.000	1.000	1.000	1.000	1.000
东	海南	1.000	1.000	1.000	1.000	1.000	1.000
东部平均		1.000	1.000	0.985	1.007	1.002	0.999
西	内蒙古	1.000	1.000	0.955	1.046	1.001	1.000
西	广西	1.000	1.000	1.000	1.000	1.000	1.000
西	重庆	1.000	1.000	1.000	1.000	1.000	1.000
西	四川	1.000	1.000	1.000	1.000	1.000	1.000
西	贵州	1.000	1.000	1.000	1.000	1.000	1.000
西	云南	1.000	1.000	1.000	1.000	1.000	1.000
西	陕西	1.000	1.000	1.000	1.000	1.000	1.000
西	甘肃	1.000	0.871	1.127	1.023	1.000	1.001
西	青海	1.000	1.04	1.011	0.998	1.002	1.013
西	宁夏	1.000	1.024	0.89	1.062	1.042	1.002

续表

序号	省份	2014	2015	2016	2017	2018	平均值
西	新疆	1.000	1.000	1.000	1.000	1.000	1.000
西部平均		1.000	0.994	0.998	1.012	1.004	1.002
中	山西	1.000	1.000	1.000	1.000	1.000	1.000
中	吉林	1.000	1.000	1.000	0.998	1.002	1.000
中	黑龙江	1.000	0.959	0.969	0.97	1.099	0.998
中	安徽	1.000	1.047	1.000	1.000	1.000	1.012
中	江西	1.000	1.000	1.000	0.953	1.05	1.000
中	河南	1.000	1.000	0.969	1.032	1.000	1.000
中	湖北	1.000	0.903	1.167	1.026	1.058	1.034
中	湖南	1.000	1.000	1.000	1.000	1.000	1.000
中部平均		1.000	0.989	1.013	0.997	1.026	1.006
全国平均		1.000	0.994	0.999	1.005	1.011	1.002

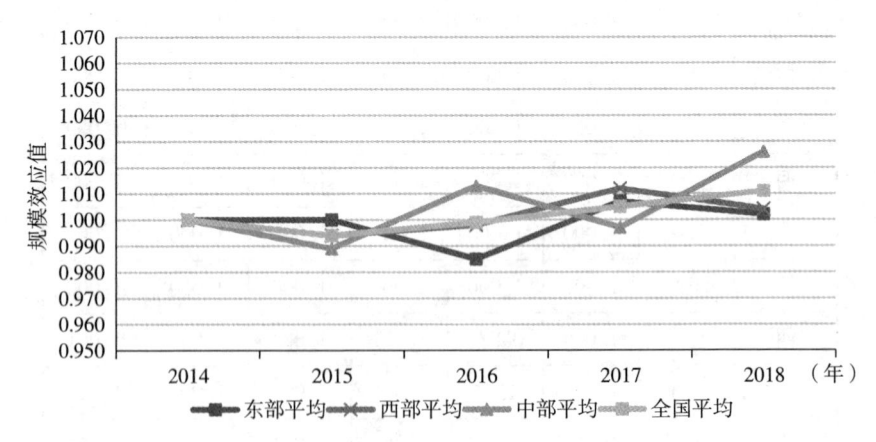

图 4-7 东中西指数模型规模效应趋势图

第4章 现行制度环境下家庭农场绿色生产的生态效应评价

4.4 家庭农场绿色生产的生态效应比较分析

本节通过使用传统DEA的CCR模型、BCC模型以及超效率DEA模型测算出29个省、自治区及直辖市家庭农场绿色生产的生态效应值，将这三种模型测算的生态效应值进行对比，得到表4-12。CCR模型测算的家庭农场绿色生产的生态效应平均值为0.932，最小值0.767为内蒙古自治区，最大值1，有上海市、四川省和贵州省；BCC模型测算的家庭农场绿色生产的生态效应的平均值为0.959，最小值0.885为湖北省，最大值1为上海市、海南省、云南省、贵州省和四川省；超效率DEA测算的平均值为1.233，最小值0.771为青海省，最大值3.571为海南省。可见，超效率DEA测算的结果高于BCC模型和CCR模型。综合三个模型测算的生态效应值，并结合我国家庭农场绿色生产实践，BCC模型测算的家庭农场绿色生产的生态效应更符合实际。

表4-12 家庭农场绿色生产的生态效应测算比较分析

地区	省份	CCR-生态效应平均值	BCC-生态效应平均值	超效率DEA-生态效应平均值
东	天津	0.920	0.925	0.948
东	河北	0.881	0.932	0.899
东	辽宁	0.873	0.940	0.965
东	上海	1.000	1.000	1.685
东	江苏	0.986	0.987	1.067
东	浙江	0.920	0.942	0.969

续表

地区	省份	CCR-生态效应平均值	BCC-生态效应平均值	超效率DEA-生态效应平均值
东	福建	0.990	0.992	1.136
东	山东	0.963	0.966	1.012
东	广东	0.985	0.985	2.212
东	海南	0.997	1.000	3.571
东部平均		0.952	0.967	1.446
西	内蒙古	0.767	0.927	0.861
西	广西	0.979	0.977	1.110
西	重庆	0.968	0.986	1.102
西	四川	1.000	1.000	1.342
西	贵州	1.000	1.000	2.083
西	云南	0.999	1.000	1.543
西	陕西	0.999	0.999	1.171
西	甘肃	0.864	0.904	0.892
西	青海	0.785	0.923	0.771
西	宁夏	0.910	0.921	0.894
西	新疆	0.991	0.994	1.116
西部平均		0.933	0.966	1.171
中	山西	0.98	0.997	1.143
中	吉林	0.859	0.912	1.799
中	黑龙江	0.794	0.905	0.857

第4章 现行制度环境下家庭农场绿色生产的生态效应评价

续表

地区	省份	CCR-生态效应平均值	BCC-生态效应平均值	超效率DEA-生态效应平均值
中	安徽	0.928	0.930	0.947
中	江西	0.966	0.971	1.035
中	河南	0.889	0.956	0.924
中	湖北	0.850	0.885	0.850
中	湖南	0.990	0.992	1.100
中部平均		0.907	0.944	1.082
全国平均		0.932	0.959	1.233

进一步，将不同模型下分地区的家庭农场绿色生产的生态效应值趋势对比，得到图4-8。

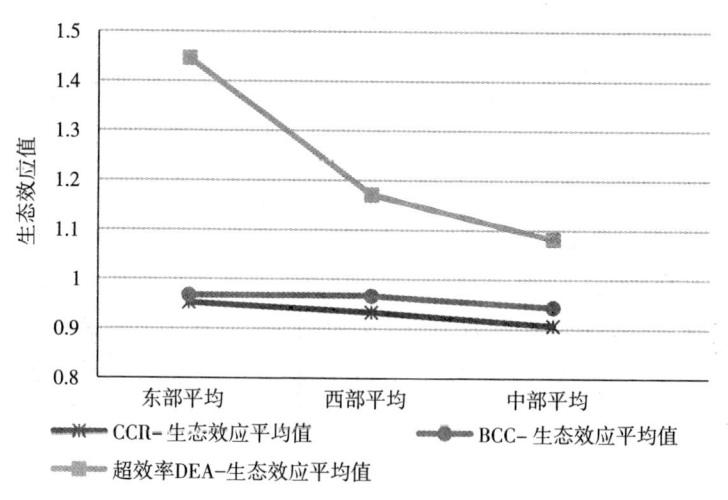

图4-8 东中西不同模型生态效应对比趋势图

如图4-8可以看出，使用超效率DEA测算的结果远远高于CCR模型和BCC模型，并且从空间分布来看，超效率DEA测算生态效应值的地区差异更显著。无论是传统DEA模型还是超效率DEA模型测算，从空间分布来看，我国家庭农场绿色生产的生态效应均存在地区差异，大体上，东部经济发达地区高于中西部经济相对落后地区。

4.5 小结

本章根据成本收益理论、采用DEA方法来测算家庭农场绿色生产的生态效应。由于各地区自身资源禀赋和社会经济发展水平的不同，家庭农场绿色生产的生态效应呈现出东部较高、中西部较低的差异。通过分别运用传统DEA模型、超效率DEA模型对我国29个省、自治区及直辖市的家庭农场绿色生产的静态生态效应进行测算分析，样本期内全国各省份的家庭农场绿色生产的生态效应总体呈上升趋势。就区域角度而言，家庭农场绿色生产的生态效应呈现东部较高、中部次之、西部较低的态势。进一步运用Malmquist指数模型对我国2014~2018年的家庭农场绿色生产生态效应的动态变化进行分析，5年间Malmquist指数综合生态效应虽然有波动，但基本呈增长趋势，且技术生态效应的影响较为显著。就区域角度而言，西部省份的家庭农场绿色生产的生态效应增长均值高于中部省份，中部省份的家庭农场绿色生产的生态效应增长均值又高于东部地区。通过对比分析发现，不同地区技术效应和规模效应对绿色生产综合生态效应的贡献程度也不同，西部地区技术进步的贡献显著，东部地区则规模发展的贡献显著，中部则介于二者之间。

第5章 制度环境对家庭农场绿色生产生态效应的影响研究

家庭农场绿色生产的发展受到一系列制度的影响，包括命令型、激励型、能力建设型及引导型等，根据前面章节的文献综述及理论分析可知，适合的制度能够促进家庭农场绿色生产的效应，而不适合的制度则会抑制家庭农场绿色生产效应。那么，制度环境究竟如何影响家庭农场绿色生产效应呢？具体而言，制度的哪些方面或者哪些内容会影响家庭农场绿色生产效应呢？制度会对家庭农场绿色生产效应产生怎样的影响呢？这是本文的重点研究内容。本章将首先探讨制度环境对我国家庭农场绿色生产生态效应的影响。

5.1 问题的提出

新制度经济学中，制度变迁发生的根本原因在于现行制度供给与制度需求的不均衡状态，即经济社会的发展呼唤效益更高的制度供给。现有制度环境下，如果相关制度的形式或者内容会引起家庭农场绿色生产成本的降低，或者增加其正外部性行为带来的收益，通过将其绿色生产的正外部性行为内生化，就会使家庭农场绿色生产的行为意愿增强，从而刺激家庭农场经营者调整生产要素投入规模或者投入结构。从成本收益的角度看,家庭农场主除了在不增加投入成本的前提下优化要素结构来从事绿色生产行为,也会基于优质绿色农产品的收益预期来增加技术要素的投入,采纳更加先进的绿色生产技术,实现集约环保生产过程的同时增加优质绿色农产品的产出,从而提升生态效应。

学者们围绕制度对农业绿色生产的影响进行的研究较为丰富。Meredith 和 Willer（2014）通过研究提出制度的强度对农业绿色生产有积极效果,并建议通过推动农业绿色生产的立法活动,以促进农业绿色生产的发展[1]。除制度形式外,关于制度内容的研究可谓丰富。Unep-unctad（2008）认为通过对绿色农产品的认证,能够由预期经济效应刺激农业生产者更加积极地生产绿色农产品,从而提升农业绿色生产的生态效应[2]。因此,McCluskey（2000）提出对农产品认证要严格监管,保证农产品认证的合法合规[3]。制度内容方面除命令型外,激励型制度也是重要影响因素。如侯玲玲等（2012）发现农业补贴降低了农业生产的单位化肥施用量[4]。Gale 等（2005）以及杜辉和陈池波（2020）的研究则认为农业补贴对农户粮食生产或具有负向影响,不合理的农业补贴制度会带来

---

[1] Stephen Meredith, Helga Willer, "Organic in Europe: Prospects and Developments", 2014, https//www.fibl.org/en/article/c/international-en/p/1634-organic-europe.html.

[2] UNEP-UNCTAD, "Organic Agriculture and Food Security in Africa", United Nations, 2008, https://unctad.org/system/files/official-document/ditcted200715_en.pdf.

[3] Jill J. McCluskey, "A Game Theoretic Approach to Organic Foods: An Analysis of Asymmetric Information and Policy", Agricultural and Resource Economics Review, 1 (2000).

[4] 侯玲玲、孙倩、穆月英:"农业补贴政策对农业面源污染的影响分析——从化肥需求的视角",载《中国农业大学学报》2012年第4期。

第5章 制度环境对家庭农场绿色生产生态效应的影响研究

资源生态环境的恶化[1]。已有研究为本文的研究奠定了基础,但未将制度环境进行整体考虑,并且缺乏一套从制度形式到制度内容的完整分析。因此,本部分在对现行制度环境下我国家庭农场绿色生产的生态效应进行评价的基础上,旨在运用面板回归模型分析检验我国家庭农场绿色生产制度环境对家庭农场绿色生产生态效应的影响机理,重点分析制度数量、制度强度以及各项制度内容对家庭农场绿色生产生态效应的影响,并对其进行异质性分析,分析不同地区影响机制的特点,为后续优化制度环境提供实证依据。

5.2 模型构建和指标选取

5.2.1 面板 Tobit 模型构建

我国农业现代化离不开家庭农场发展,纵观欧美发达国家农业发展规律,大力发展家庭农场将为农业现代化提供坚实的基础。同时如何提升家庭农场绿色生产的生态效应显得尤为重要,何劲(2021)提出建立符合家庭农场绿色发展的制度是其核心[2]。故本章重点探讨制度如何影响家庭农场绿色生产的生态效应。由于本章被解释变量为家庭农场绿色生产的生态效应,其取值范围为 [0,1],具有截断的特点,如果采用普通最小二乘法(ordinary least squares, OLS)进行回归分析会导致结果存在偏误。故采用面板 Tobit 模型进行回归分析,在使用面板回归时,固定效应很难得到

---

[1] H. F. Gale, B. Lohmar, F. Tuan, "China's New Farm Subsidies", Social Science Electronic Publishing, 4 (2005).
杜辉、陈池波:"中国政策性农业保险制度的理性反思",载《江西财经大学学报》2010 年第 4 期。
[2] 何劲:"农业绿色生产问题研究回顾与展望:一个文献综述",载《经济体制改革》2021 年第 2 期。

无偏误估计的结果（陈强，2014）[1]，因此本文参考王宝义和张卫国（2018）[2]的研究，采用随机效应 Tobit 进行回归分析。设定模型如下：

$$EER_{it} = \beta 0 + \beta 1 X 1, it + \beta 2 X 2, it + \beta j \sum_j Z j, it + \mu i + \varepsilon it \quad (5-1)$$

模型（5-1）中，EER_{it}表示家庭农场绿色生产的生态效应，i 和 t 表示省份和时间，$\beta 0$ 为截距项，$\beta 1$ 为制度数量的估计系数，$X1, it$ 表示核心解释变量制度数量，$\beta 2$ 为制度强度的估计系数，$X2, it$ 为核心解释变量制度强度，Zj, it 表示模型中纳入的控制变量，包括地方发展水平、产业结构水平等，μi 为个体效应，εit 为模型的随机误差项。

进一步本文从制度内容的角度研究其对于家庭农场绿色生产的生态效应的影响，构建模型（5-2）：

$$EER_{it} = \beta 0 + \beta 3 X 3, it + \beta 4 X 4, it + \beta 5 X 5, it + \beta 6 X 6, it + \beta 7 X 7, it + \beta 8 X 8, it + \beta 9 X 9, it + \beta 10 X 10, it + \beta 11 X 11, it + \beta 12 X 12, it + \beta j \sum_j Z j, it + \mu i + \varepsilon it \quad (5-2)$$

模型（5-2）中，EER_{it}表示家庭农场绿色生产的生态效应，i 和 t 表示省份和时间，$\beta 0$ 为截距项，$\beta 3$ 为标准规范的估计系数，$X3, it$ 表示标准规范，$\beta 4$ 为行政监管的估计系数，$X4, it$ 为行政监管，$\beta 5$ 为示范农场的估计系数，$X5, it$ 为示范农场，$\beta 6$ 为金融扶持的估计系数，$X6, it$ 为金融扶持，$\beta 7$ 为财政补贴的估计系数，$X7, it$ 为财政补贴，$\beta 8$ 为培训教育的估计系数，$X8, it$ 为培训教育，$\beta 9$ 为科技创新的估计系数，$X9, it$ 为科技创新，$\beta 10$ 为信息化平台的估计系数，$X10, it$ 为信息化平台，$\beta 11$ 为基础设施的估计系数，$X11, it$

---

[1] 陈强：《高级计量经济学及 Stata 应用》，高等教育出版社 2014 年版。

[2] 王宝义、张卫国："中国农业生态效率的省际差异和影响因素——基于1996~2015年31个省份的面板数据分析"，载《中国农村经济》2018年第1期。

为基础设施，β_{12} 为引导鼓励的估计系数，$X_{12,it}$ 为引导鼓励，$Z_{j,it}$ 表示模型中纳入的控制变量，包括地方发展水平、产业结构水平等，μ_i 为个体效应，ε_{it} 为模型的随机误差项。

5.2.2 指标选取

（1）被解释变量

借鉴臧传琴（2018）[1]、陈德敏等（2012）[2] 的研究，将第4章通过 DEA 方法计算出来的家庭农场绿色生产的生态效应表示作为被解释变量。由于家庭农场绿色生产的生态效应不仅受到投入变量人力、资本、物力的影响，而且还与绿色产出变量相关，本文第4章使用传统 DEA 的 BCC 模型，将投入变量和产出变量同时考虑，测算出家庭农场绿色生产的生态效应，故将其结果作为因变量。

（2）核心解释变量

本文的核心解释变量为家庭农场绿色生产制度环境，重点研究家庭农场绿色生产制度形式和制度内容两方面对家庭农场绿色生产生态效应的影响情况。国内学者高强等（2013）[106] 提出关于家庭农场的"制度变迁说"，认为家庭农场的发展主要由制度驱动，核心来源为制度供给。由于制度环境难以直接测量，本文借鉴已有学者黄祖辉等（2016）[3]、李芬妮（2019）[4] 的研究，从约束制度、激励制度、能力培养制度和引导制度四个方面选取指标，探讨不同制度对家庭农场绿色生产生态效应的影响。

---

[1] 臧传琴、吕杰："环境规制效率的区域差异及其影响因素——基于中国 2000-2014 年省际面板数据的经验考察"，载《山东财经大学学报》2018 年第 1 期。

[2] 陈德敏、张瑞："环境规制对中国全要素能源效率的影响——基于省际面板数据的实证检验"，载《经济科学》2012 年第 4 期。

[3] 黄祖辉、钟颖琦、王晓莉："不同政策对农户农药施用行为的影响"，载《中国人口·资源与环境》2016 年第 8 期。

[4] 李芬妮、张俊飚、何可："替代与互补：农民绿色生产中的非正式制度与正式制度"，载《华中科技大学学报（社会科学版）》2019 年第 6 期。

本章一方面研究制度形式对于家庭农场绿色生产生态效应的影响,从制度数量(X_1)和制度强度(X_2)两个不同维度衡量制度供给。另一方面研究制度内容对于家庭农场绿色生产生态效应的影响,从以下10个维度分析制度内容,首先是命令型制度频次,通过标准规范(X_3)和行政监管(X_4)衡量;其次是激励型制度频次,通过示范农场(X_5)、金融支持(X_6)和财政补贴(X_7);再次是能力建设型制度频次,从培训教育(X_8)、科技创新(X_9)、信息化平台(X_{10})和基础设施(X_{11});最后是引导型制度激励,通过引导鼓励(X_{12})衡量。具体而言,鉴于制度相关数据的来源可靠和持续程度,制度形式分为制度数量和制度强度两个维度,制度数量主要采用各省、自治区及直辖市颁布的法律法规及政策规范性文件的数量来衡量;制度强度主要根据法律法规及政策规范性文件的效力加总来衡量,具体将地方性法规、政府规章、政府及政府办公厅颁发的规范性文件、多部门联合颁发的规范性文件、单部门颁发的规范性文件的效力分别赋值为5、4、3、2、1,然后进行效力加总;制度内容则根据法律法规及政策规范性文件中使用频数的统计结果来衡量。

(3) 控制变量

家庭农场绿色生产的生态效应不仅受到家庭农场绿色生产制度的影响,还会受到当地社会经济发展水平以及科技创新等因素不同程度的影响。通过将相应的影响因素加入模型,能减少控制变量对实证分析结果影响的程度。综合已有研究成果和本文的研究目的,选取以下因素作为模型的控制变量:①地方经济发展水平,主要反映地区经济对家庭农场绿色生产生态效应的影响,本文采用各省人均GDP作为其经济发展水平的代理变量;②产业结构水平,主要反映农业在某一地区产业结构中的重要性,本文采用第一产业增加值占地区生产总值的比重来衡量;③科技创新水平,其反应地区创

第5章 制度环境对家庭农场绿色生产生态效应的影响研究

新程度，随着我国农业现代化水平不断提升，科技对于家庭农场绿色生产的生态效应影响巨大，故采用地区研发投支出占GDP比重衡量[1]；④固定资产投资，本文采用农村农户固定资产投资总额来衡量；⑤农场经营特征，本文主要从工商登记、完整收支记录、规模经营年数、示范农场衡量；⑥农场主特征，从农场主户籍、年龄和受教育程度衡量。具体变量说明见表5-1。

表5-1 变量说明

变量	变量符号	变量解释
绿色生产的生态效应	EER	传统DEA的BCC模型测算出的结果
制度数量	X_1	当年颁布的制度文本数
制度强度	X_2	当年颁布的制度文本效力
标准规范	X_3	制度文本中关于标准规范类制度的频次
行政监管	X_4	制度文本中关于行政监管类制度的频次
示范农场	X_5	制度文本中关于示范农场类制度的频次
金融扶持	X_6	制度文本中关于金融扶持类制度的频次
财政补贴	X_7	制度文本中关于政府补贴类制度的频次
培训教育	X_8	制度文本中关于教育培训类制度的频次
科技创新	X_9	制度文本中关于科技创新类制度的频次
信息化平台	X_{10}	制度文本中关于信息化平台建设类制度的频次

---

[1] 曾冰、郑建锋、邱志萍："环境政策工具对改善环境质量的作用研究——基于2001-2012年我国省际面板数据的分析"，载《上海经济研究》2016年第5期。

续表

变量	变量符号	变量解释
基础设施	X_{11}	制度文本中关于基础设施建设类制度的频次
引导鼓励	X_{12}	制度文本中关于引导鼓励类制度的频次
受教育程度	X_{13}	农场主中受教育程度为高中以上的占比
平均年龄	X_{14}	农场主的平均年龄
本乡户籍	X_{15}	农场主中本乡户籍的占比
工商登记	X_{16}	农场进行工商登记的占比
规模经营平均年限	X_{17}	农场进行规模经营的平均年限
完整收支记录	X_{18}	农场中有完整收支记录的占比
示范农场	X_{19}	农场中示范农场的占比
经济发展水平	X_{20}	各省、自治区及直辖市的人均GDP
产业结构特征	X_{21}	第一产业增加值占地区生产总值的比重
科技创新水平	X_{22}	R&D经费支出占地区生产总值的比重
固定资产投资	X_{23}	农村农户固定资产的投资金额

5.3 数据来源和描述性统计

本文选取我国29个省、自治区及直辖市的2014~2018年面板数据进行研究，家庭农场绿色生产的生态效应测算数据来自：农业农村部政策与改革司、中国社会科学院农村发展研究所联合编著的《中国家庭农场发展报告》（2015~2019年）五年的监测数据，分别统计了2014~2018年全国家庭农场的发展状况。控制变量数据来

第5章 制度环境对家庭农场绿色生产生态效应的影响研究

自:《中国统计年鉴》《中国农村统计年鉴》(2015~2019年);核心解释变量制度数据为:通过各省、自治区及直辖市人大官网,各省、自治区及直辖市政府官网以及北大法宝网站,搜索"家庭农场""农业绿色生产""农药""化肥""农膜""节水灌溉""秸秆处理"七个关键词,检索收集法律法规及政策性规范性文件,时间跨度为2014~2018年。

本文描述性统计如表5-2。通过描述性统计得到,被解释变量家庭农场绿色生产生态效应的标准差为0.102,绿色生产的生态效应平均值为0.932,最小值为0.583,最大值为1,说明地区之间的家庭农场绿色生产的生态效应存在较大差距。制度数量和制度强度的平均值分别为14.752、40.689,标准差分别为7.389、20.433,差距较大,最小值和最大值也相差较大,这表明地区之间的制度数量和制度强度存在很大差异,可见地区之间异质性较为显著。制度内容方面显现出更大地区差异,相较于其他核心解释变量,标准规范、行政监管、金融扶持和科技创新的地区差异明显。标准规范和行政监管的平均值分别为171.034、195.207,标准差分别为188.971、161.623;金融扶持的平均值为139.600,标准差为160.325;科技创新的平均值为212.455,标准差为228.664。由此可见,这几类制度内容在全国范围内体现出明显的地区差异。

表5-2 描述性统计

变量	样本量	平均值	标准差	最小值	最大值
EER	145	0.932	0.102	0.583	1
X_1	145	14.752	7.389	0	37
X_2	145	40.689	20.433	0	100
X_3	145	171.034	188.971	0	2054

续表

变量	样本量	平均值	标准差	最小值	最大值
X_4	145	195.207	161.623	0	1530
X_5	145	52.641	55.015	0	263
X_6	145	139.600	160.325	0	780
X_7	145	106.407	104.135	0	526
X_8	145	99.103	120.120	0	675
X_9	145	212.455	228.664	0	587
X_{10}	145	91.624	96.917	0	587
X_{11}	145	197.041	142.624	0	746
X_{12}	145	162.414	117.220	0	633
X_{13}	145	51.022	14.208	18.840	85.460
X_{14}	145	45.938	1.641	42	50.490
X_{15}	145	90.627	7.482	61.040	100
X_{16}	145	75.931	31.439	0	100
X_{17}	145	6.600	1.874	2.150	11.190
X_{18}	145	76.625	16.447	30.680	100
X_{19}	145	47.508	25.798	0	100
X_{20}	145	55 963.860	23 659.930	26 165	134 982
X_{21}	145	9.746	4.809	0.300	23.400
X_{22}	145	1.587	0.823	0.460	4.160
X_{23}	145	347.797	233.496	3.300	966.700

注：通过 STATA 整理得到。

5.4 制度环境对家庭农场绿色生产生态效应影响的实证分析

5.4.1 面板 Tobit 模型基础回归

本文根据模型①，使用全国 29 个省、自治区及直辖市的面板数据，研究制度数量和制度强度对家庭农场绿色生产的生态效应的影响分析，回归结果见表 5-3。在不加入任何控制变量的前提下，制度数量和制度强度的系数分别为负向和正向，并且二者影响均显著，可以得到对于家庭农场绿色生产效应的影响而言，制度数量对其为负向影响，制度强度对绿色生产的生态效应存在正向影响。进一步将农场主特征受教育程度（X_{13}）、户主平均年龄（X_{14}）和本乡户籍占比（X_{15}）考虑到模型①，发现核心解释变量制度数量（X_1）和制度强度（X_2）分别依旧在表现为负向和正向，同时在 1% 的水平上通过显著性检验。最后将农场特征、社会经济科技等控制变量加入到回归模型中，制度数量的回归结果为负向，且影响显著，制度强度的回归结果为正向，且影响显著。这说明制度数量和制度强度对于家庭农场绿色生产的生态效应都存在影响，但是作用方向相反。自党的十八大以来，生态文明建设就得到了密切关注，其突出地位也体现在"五位一体"的布局当中，具体建设生态文明则体现在生产方式、生活方式以及低碳发展、绿色发展等各方面的重点推进；农业的绿色生产得到进一步地重视，是由于"绿色"作为五大发展理念之一在党的十八届五中全会上得到了明确，而农业绿色生产的生态效应得到热切关注，是因为 2015 年国务院办公厅发布的《关于加快转变农业发展方式的意见》重点陈述了绿色生产转型是发展现代农业的有效路径。伴随着"家庭农场"的发展热潮，从中央到地方，相关的各项政策性规范文件的数量总体在增加，强度也在加强。然而政策、法律文件并不是越多越好。这是因为家庭农场绿色生产的主体是农场主及多数农民，他们的主要精力都放在农业生产上，无暇也没有专业知识去学习政策性规范文件的精神，过多的制度文件只会给其带来压力，而不是绿色生产的动力。相反，政策法律文本的效力越高，制度强度越大，自上而下的执行力度都在加强，带给农场主的绿色生产便利及优惠更能落地，对农场主绿色生产的约束力也就更强，从而有利于家庭农场绿色生产的生态效应的提升。

控制变量的影响方面：从农场主特征来看，农场主的受教育程度（X_{13}）对家庭农场绿色生产的生态效应有正向促进作用，农场主受教育水平提升1%，绿色生产的生态效应提升0.1%，可见，受教育程度的高低与家庭农场化肥农药的减量之间存在正向的密切关联。这是因为家庭农场主受教育程度越高，其综合素质和环保意识就相对更高，社会责任感也就更强，更能够接受新事物[1]，在进行农场生产经营过程中对于无公害农药、化肥的认知就越全面，更容易接受并使用，会加大绿色生产的投入并选择绿色生产方式进行生产经营。农场主的年龄（X_{14}）对家庭农场绿色生产的生态效应有正向促进作用，且在5%水平上通过显著性检验。我们认为伴随着农场主年龄的增长，农场主会不断积累生产经营及管理方面的经验，基于节约生产成本和提升农产品质量的目的，会更加倾向于绿色生产。农场主的户籍（X_{15}）对家庭农场绿色生产的生态效应的作用为负向，但不显著，从统计学的意义上说，农场主的户籍并不会影响家庭农场绿色生产的生态效应。回归结果显示非本乡户籍的农场主反而比本乡户籍的农场主所经营的家庭农场绿色生产的生态效应更高，引起这种结果的原因可能是本村集体组织以外的家庭农

---

[1] 岳佳、蔡颖萍、吴伟光：“工商注册对家庭农场化肥农药减量施用的影响分析——基于452个家庭农场的调查”，载《湖州师范学院学报》2020年第5期。

第5章 制度环境对家庭农场绿色生产生态效应的影响研究

场经营者往往是综合素质较高、经济实力较强的热源。此外，就家庭农场经营特征的层面而言，规模经营平均年限（X_{17}）对家庭农场绿色生产的生态效应有显著的正向影响，影响系数为0.001。规模经营平均年限增加1%，绿色生产的生态效应提升0.1%。这可能是农场的规模经营有利于农场进行绿色生产。一方面，农场的规模经营需要降低农药和化肥等的施用成本，并且随着规模经营的发展，农场主需要投入更多的精力科学化地进行农业生产；另一方面随着从事农业规模经营年限的增加，农场主对农作物生长特征及农业生产环节的特点越熟悉，也就更加倾向于化肥、农药等的减量及绿色生产[1]。示范农场对农场绿色生产的生态效应也具有显著的正向影响，因为示范农场能够通过人力、资本以及地区经济发展水平来提高其绿色生产的生态效应[2]。而工商登记和完整的收支记录则对家庭农场绿色生产的生态效应的影响不显著。

就其他控制变量的层面而言：家庭农场绿色生产的生态效应会受到地区经济发展水平的显著促进影响，经济发展水平增强1%，家庭农场绿色生产的生态效应就增加0.1%。可能的原因是随着区域整体的经济发展，非农就业率不断攀升，农村土地的流转变得更加活跃，农场规模经营得以实现，为农场的绿色生产提供生产资料；此外，区域经济整体的发展能够带动教育、科技创新以及技术培训各方面投入的增加，相应的农业绿色生产技术更容易得到推广，从而促进家庭农场绿色生产的生态效应的提升。总之，随着地区经济发展水平的不断提升，人们对于环境资源的保护意识不断提高，农业生产就会更加倾向于集约化的绿色生产，从而促使家庭农

---

[1] 蔡颖萍、杜志雄："家庭农场生产行为的生态自觉性及其影响因素分析——基于全国家庭农场监测数据的实证检验"，载《中国农村经济》2016年第12期。

[2] 陆杉、熊娇："生态文明先行示范区的设立能否提高农业绿色效率？——基于湖南省的经验数据"，载《中南大学学报（社会科学版）》2020年第3期。

场绿色生产的生态效应逐步提升[1]。科研经费的投入对家庭农场绿色生产的生态效应具有正向影响，在10%的水平上显著，即地区科研经费投入提升1%，家庭农场绿色生产的生态效应提升2.4%。可见，科研经费的投入带动了当地科技创新，科技创新进一步带动家庭农场绿色生产技术的进步，进而提高家庭农场绿色生产的生态效应的提高。Baloch和Thapa（2014）也通过研究证实，通过政府技术支持政策的推行，可以有效提升家庭农场生产经营者的绿色生产技术水平[2]，从而提升绿色生产的生态效应。固定资产投资影响也为正，系数为0.001，即地区固定资产投资增加1%，家庭农场绿色生产的生态效应提升0.1%。这是由于对农业机械、农田水利以及其他基础设施建设等固定资产的投资，有利于实现家庭农场规模报酬的递增，从而为家庭农场绿色生产提供关键的基础条件。

表5-3 制度数量和制度强度回归结果

变量	① EER	② EER	③ EER	④ EER
X_1	-0.004*** (0.001)	-0.004*** (0.001)	-0.004*** (0.001)	-0.003*** (0.001)
X_2	-0.001*** (0.000)	-0.001*** (0.000)	-0.001** (0.000)	-0.001** (0.000)
X_{13}		0.002*** (0.001)	0.002** (0.001)	0.001* (0.001)

---

[1] 潘丹："考虑资源环境因素的中国农业绿色生产率评价及其影响因素分析"，载《中国科技论坛》2014年第11期。

[2] A. Mumtaz Baloch, B. Gopal Thapa, "Agricultural Extension in Balochistan, Pakistan: Date palm farmers' access and satisfaction", Journal of Mountain Science, 4 (2014).

第5章 制度环境对家庭农场绿色生产生态效应的影响研究

续表

	①	②	③	④
X_{14}		0.001* (0.000)	0.001* (0.001)	0.001** (0.000)
X_{15}		-0.003 (0.002)	-0.002 (0.002)	0.001 (0.002)
X_{16}			0.000 (0.000)	-0.000 (0.001)
X_{17}			0.002*** (0.001)	-0.001* (0.001)
X_{18}			0.000 (0.001)	-0.001 (0.001)
X_{19}			0.001* (0.000)	-0.001* (0.000)
X_{20}				-0.001*** (0.000)
X_{21}				-0.011*** (0.010)
X_{22}				-0.024* (0.013)
X_{23}				-0.001*** (0.000)
Obs	145	145	145	145
Wald 值	26.360	31.820	73.440	88.940
Log likelihood	8.527	12.123	29.265	38.657

注：括号内为 Z 值，*，**，*** 分别表示 10%，5%，1% 水平上显著。

在分析制度数量和制度强度对家庭农场绿色生产生态效应影响的基础上,文章进一步检验制度内容对家庭农场绿色生产生态效应的影响。结果见表5-4。将农场主特征、农场经营特征以及社会经济科技等控制变量加入到回归模型中,命令型制度中的标准规范,激励型制度中的示范农场、金融扶持、财政补贴,能力建设型制度中的培训教育、科技创新,引导型制度对于家庭农场绿色生产的生态效应均有正向的促进作用;命令型制度中行政监管对家庭农场绿色生产的生态效应有负向影响;能力建设型制度中信息化平台和基础设施对于家庭绿色生产的生态效应的影响均不显著。

具体来看,命令型制度中,标准规范的回归系数为0.008,在5%水平通过显著性检验,说明标准规范提升1%,绿色生产的生态效应提升0.8%。可见,标准规范类的制度对于家庭农场绿色生产的生态效应的提高具有积极作用,可能的原因是标准规范类制度对农场经营者生产行为的影响,主要体现在规范指引和规范压力两个方面:规范指引方面,比如有"三品一标"认证的农场不仅对农场自身具有规范约束,同时对周边农场的生产行为也会产生积极作用[1],同时认证制度能够减少市场信息的不对称,在稳定绿色生产经济效益的同时,刺激农场主进行绿色生产;标准规范类制度的另一个方面,则是规范压力,通过标准规范的施行,大多数农场主会按照标准规范去进行生产,而少数不按照规范进行生产的农场主就会成为被批评的对象,鉴于自身可能产生的社会不利影响,农场主会严格规范自己的生产经营行为,进行绿色生产[2]。而命令型制度中行政监管的回归系数为-0.002,在5%水平通过显著性检验,

---

[1] 娄博杰:"基于农产品质量安全的农户生产行为研究",中国农业科学院2015年博士学位论文。

[2] 石志恒、张衡:"社会规范、环境规制与农户施肥行为选择研究",载《中国农业资源与区划》2021年第11期。

第 5 章　制度环境对家庭农场绿色生产生态效应的影响研究

说明行政监管提升1%，农场绿色生产的生态效应下降0.2%。这是因为对农场主而言，政府部门对违反绿色生产规范的行为进行行政监管的命令型制度属于规范行为结果类的制度，这种结果导向类的制度对农场主生产前和生产中的两个过程并不具有太大的约束力，这也就是为什么传统的命令型制度无法有效规范家庭农场绿色生产整个行为过程[1]。

激励型制度中，示范农场与财政补贴对家庭农场绿色生产生态效应的影响均为正向的促进作用，并且都作用显著，示范农场提升1%，家庭农场绿色生产的生态效应提升4%，财政补贴提升1%，家庭绿色生产的生态效应提升0.2%。金融扶持更是在1%的水平上对家庭农场绿色生产的生态效应有显著的正向影响。可见，示范农场、金融扶持及财政补贴均对家庭农场绿色生产的生态效应的提升具有显著的促进作用。这是因为激励型制度主要是政府向家庭农场主发放一定物质补贴和经济奖励，由此降低家庭农场绿色生产的生产成本和交易成本，将绿色生产行为的正外部性内生化，在此基础上稳定了家庭农场绿色生产的收益预期，从而激发农场主绿色生产的动力[2]。一方面，政府部门对家庭农场绿色生产的扶持措施包括政策倾斜、资金保障，并且通过建立示范农场制度来进一步从物质上和观念上激励家庭农场进行绿色生产的热情，帮助示范农场树立绿色品牌，提高产品可信度和绿色收益；另一方面，家庭农场主则通过优化要素投入结构或者增加要素投入规模，从而产生一定的结构优化效应和技术创新效应，提升家庭农场绿色生产的水平，从而达到提升家庭农场绿色生产生态效应的效果。尤其金融扶持对家

---

[1] 黄祖辉、钟颖琦、王晓莉："不同政策对农户农药施用行为的影响"，载《中国人口·资源与环境》2016年第8期。

[2] 李芬妮、张俊飚、何可："非正式制度、环境规制对农户绿色生产行为的影响——基于湖北1105份农户调查数据"，载《资源科学》2019年第7期。

庭农场绿色生产的生态效应的作用更加明显，金融扶持的回归系数为0.006，在1%水平通过显著性检验，说明金融扶持提升1%，农场绿色生产的生态效应提升0.6%，可能的原因是，农业绿色生产的金融扶持方式日益丰富，除了绿色信贷、绿色保险、绿色债券和基金等基础金融扶持，还增加了金融科技、供应链金融等创新性金融扶持[1]，金融扶持对于家庭农场绿色生产的资本支持力度也就更大，更加全面，加之家庭农场的制度优势，因此对于绿色生产生态效应的提升也就愈加显著。

能力建设型制度中，教育培训对家庭农场绿色生产的生态效应为正向的促进作用，且促进作用显著，教育培训提升1%，家庭农场绿色生产的生态效应提升0.2%；科技创新的回归结果为正，且具有显著的影响，这说明教育培训和科技创新这两类能力建设型制度对家庭农场绿色生产有积极的促进作用。绿色生产的生态效应之所以与教育程度密切相关，是由于学历教育能够对农业生产者产生内化约束，从而影响其生产技术和生产行为。家庭农场经营者的受教育水平越高，其在生产经营过程中就会有较为自觉的环保意识，同时更倾向于运用绿色生产技术进行绿色生产，从而提升家庭农场绿色生产的生态效应。农业生产作为一项实践性工作，与农业生产经营相关的技术培训和职业教育等实践性培训能够更加直接影响农场主的绿色生产行为。通过农业绿色生产的专业技能培训直接在家庭农场生产过程中进行实践，从而提升家庭农场绿色生产的生态效应[2]。而信息化平台建设和基础设施建设两类能力建设型的制度对家庭农场绿色生产的生态效应的影响未通过显著性检验。

---

[1] 马骏等："绿色金融、普惠金融与绿色农业发展"，载《金融论坛》2021年第3期。

[2] 岳佳、蔡颖萍、吴伟光："工商注册对家庭农场化肥农药减量施用的影响分析——基于452个家庭农场的调查"，载《湖州师范学院学报》2020年第5期。

第 5 章 制度环境对家庭农场绿色生产生态效应的影响研究

引导型制度的引导鼓励对于家庭农场绿色生产生态效应为正向的促进影响,且影响效果显著,引导型制度频次提升1%,家庭绿色生产的生态效应提升0.2%。引导型制度主要体现为政府通过宣传教育和相关文件下发的方式来鼓励农业生产者从事农业的绿色生产[1]。引导型制度能够对家庭农场绿色生产的生态效应产生积极影响的原因在于,农场主接收到来自于媒体、社会、政府等多渠道的绿色生产信息,包括绿色生产的理念教育、绿色生产的技术培训等信息,通过这些信息能够提升家庭农场主的绿色生产认知,使其更加全面地理解家庭农场绿色生产的预期经济和生态效益,使家庭农场主自发主动地进行绿色生产[2],从而使家庭农场绿色生产的生态效应得以提升。

表 5-4 制度内容回归结果

	⑤	
	EER	
变量	系数	标准误
X3	0.008**	0.004
X4	−0.002**	0.001
X5	−0.004**	0.002
X6	−0.006***	0.002
X7	−0.002***	0.001

---

[1] 李苏妮、张俊飚、何可:"替代与互补:农民绿色生产中的非正式制度与正式制度",载《华中科技大学学报(社会科学版)》2019年第6期。
[2] 罗岚等:"第三域:非正式制度与正式制度如何促进绿色生产?",载《干旱区资源与环境》2021年第6期。

续表

		⑤	
X8	-0.002***		0.001
X9	-0.001***		0.000
X10	-0.004		0.001
X11	-0.001		0.001
X12	0.002***		0.001
控制变量	已控制		已控制
Obs		145	
Wald 值		114.390	
Log likelihood		48.862	

注：*，**，***分别表示在10%，5%，1%的水平上显著。

5.4.2 稳健性检验

本文将通过超效率 DEA 模型测算的家庭农场绿色生产生态效应值作为被解释变量，将农场主特征、农场特征、社会经济科技等控制变量加入到回归模型中，对基础回归结果进行稳健性检验，结果如表 5-5 所示。制度数量对家庭农场绿色生产生态效应的负向影响依旧显著，影响系数为-0.104；制度强度对家庭农场绿色生产生态效应的正向影响依旧显著，影响系数为 0.032。通过实证分析结果，我们发现制度数量与制度强度对家庭农场绿色生产生态效应的作用相反，并且制度强度对于家庭农场绿色生产的生态效应起着非常重要的促进作用。

第5章 制度环境对家庭农场绿色生产生态效应的影响研究

表 5-5 制度数量和程度稳健性检验

	⑥	
	EER	
变量	系数	标准误
X1	-0.104**	0.052
X2	0.032*	0.017
控制变量	已控制	已控制
N	145	
R^2	0.215	
F 值	1.960	
P 值	0.066	

注：*，**，***分别表示在10%，5%，1%的水平上显著。

为了验证制度内容的稳健性水平，本文将通过超效率 DEA 模型测算家庭农场绿色生产的生态效应值作为被解释变量，将农场主特征、农场特征、社会经济科技等控制变量加入到回归模型中，结果如表5-6。标准规范、示范农场、金融扶持、财政补贴、培训教育、科技创新以及引导鼓励制度的回归系数为正，而行政监管制度的回归系数为负，并且均通过显著性检验。可见检验结果与基础回归结果基本一致，结果较为稳健。

表 5-6 制度内容稳健性检验

变量	系数	⑦ EER	标准误
X3	-0.007**		0.003
X4	-0.002**		0.001
X5	0.006***		0.002
X6	0.002***		0.001
X7	0.005**		0.002
X8	0.010***		0.003
X9	0.005**		0.002
X10	-0.009		0.008
X11	-0.005		0.007
X12	0.003***		0.001
控制变量	已控制		已控制
N		145	
R^2		0.703	
F 值		18.930	
P 值		0.000	

注：*，**，*** 分别表示在 10%，5%，1% 的水平上显著。

第5章 制度环境对家庭农场绿色生产生态效应的影响研究

5.5 异质性分析

由于各地区之间气候、经济等因素存在较大差异，本文按照东部、中部、西部地区，经济发达地区与经济相对较弱的地区进行异质性分析。东中西分组情况为：东部地区选择福建省、江苏省、山东省、广东省、辽宁省、河北省、浙江省以及上海市和天津市；中部地区选择湖南省、湖北省、甘肃省、河南省、山西省、吉林省、黑龙江省、海南省、江西省以及安徽省；西部地区为云南省、贵州省、陕西省、四川省、广西壮族自治区、内蒙古自治区、新疆维吾尔自治区、宁夏回族自治区、青海省以及重庆市。首先根据模型①，探究制度数量和制度强度对家庭农场绿色生产生态效应的影响是否存在地区差异，我们将我国按照东部、中部、西部分组，回归结果如5-7。通过模型⑧，制度数量回归系数为-0.004，在1%水平通过显著性水平，说明我国东部地区制度数量提升1%，家庭农场绿色生产的生态效应降低0.4%。东部地区的制度强度对家庭农场绿色生产生态效应的影响为正向的促进作用，并且促进作用显著，具体体现为制度强度提升1%，家庭农场绿色生产的生态效应提升0.1%。模型⑨的回归显示中部地区制度数量回归系数为-0.003，在1%水平通过显著性水平，制度数量提升1%，中部地区家庭农场绿色生产的生态效应降低0.3%，制度强度回归系数为0.001，在1%水平通过显著性水平，说明制度强度提升1%，家庭农场绿色生产的生态效应提升0.1%。根据模型⑩西部地区回归结果显示，制度数量和制度强度对家庭农场绿色生产的生态效应没有影响。这说明，东部和中部地区的表现与基础回归一致，地区差异主要体现在西部地区。

表 5-7 东中西分组检验结果

变量	⑧ EER（东）	⑨ EER（中）	⑩ EER（西）
X1	-0.004*** (0.001)	-0.003*** (0.001)	0.001 (0.001)
X2	0.001*** (0.000)	0.001*** (0.000)	0.001 (0.001)
控制变量	已控制		已控制
N	45	50	50
Wald 值	29.960	67.620	64.990
Log likelihood	18.350	24.280	20.341

注：*，**，***分别表示在10%，5%，1%的水平上显著。

除地理区域的不同外，我国不同地区发展水平也不同，所以家庭农场所在地区的经济发展程度会对家庭农场绿色生产的生态效应有一定的影响。因此，通过对我国 29 个省、自治区及直辖市按照地区生产总值进行分组，将地区生产总值排名靠前的 14 个省、自治区及直辖市归为经济发达地区的组别，将地区生产总值靠后的 15 个省、自治区列为经济落后地区的组别，进一步展开实证分析。回归结果如表 5-8。通过模型⑪，制度数量回归系数为-0.004，在1%的水平上通过显著性检验，说明我国经济发达地区制度数量提升1%，家庭农场绿色生产的生态效应降低0.4%。另外，我国经济发达地区的制度强度对家庭农场绿色生产的生态效应为正向的促进作用，并且促进作用显著，具体体现为制度强度提升1%，家庭农场绿色生产的生态效应提升0.1%，同时论证了前文东、中、西异质性检验的结果。模型⑫的回归显示其经济落后地区制度数量回归系数为负向，但是不显著，说明从统计学的角度讲，经济落后地区制度数量对家庭农场绿色生产的生态效应没有影响。经济落后地区制度强度回归系数为 0.001，在 1%水平通过显著性检验。由此可以看出，制度数量对家庭农场绿色生产的生态效应的影响方面存在异质性，而制度强度则对家庭农场绿色生产的生态效应的影响与基础回归一致，均呈现正向影响。

表 5-8　经济发展强弱分组检验结果

变量	⑪ EER（强）	⑫ EER（弱）
X1	−0.004*** (0.001)	−0.002*** (0.002)
X2	0.001*** (0.000)	0.001*** (0.000)
控制变量	已控制	已控制
N	75	70
Wald 值	44.010	70.010
Log likelihood	19.121	29.240

注：*，**，*** 分别表示在 10%，5%，1%的水平上显著。

将制度内容按照东部、中部、西部地区和经济较发达地区、经济较落后地区进行异质性分析，回归结果如 5-9。根据模型⑬，东部地区，标准规范、财政补贴、培训教育和引导鼓励对家庭农场绿色生产生态效应为正向影响，且均在 5%的水平上显著；示范农场、金融扶持和科技创新对家庭农场绿色生产生态效应为正向影响，且均在 1%的水平上显著；而行政监管对家庭农场绿色生产生态效应为负向影响，在5%的水平上显著。由此得到东部地区与基础回归结果一致。根据模型⑭，标准规范对家庭农场绿色生产生态效应为促进作用，在5%的水平上显著；示范农场、金融扶持、培训教育和科技创新均对家庭农场绿色生产生态效应有促进作用，且在1%的水平上显著；行政监管对家庭农场绿色生产生态效应具有显著的负向影响，而财政补贴和引导鼓励则影响不显著。由此得到，中部地区的财政补贴与引导鼓励的检验结果呈地区差异。根据模型⑮，西部地区只有标准规范、行政监管对于家庭农场绿色生产生态效应的影响显著。因此，相较于制度数量与制度强度，制度内容的地区差异更为显著，并且西部地区表现较为突出。

表5-9 东中西分组检验结果

变量	⑬ EER（东）	⑭ EER（中）	⑮ EER（西）
X3	-0.001^{**} (0.005)	-0.005^{**} (0.002)	0.004^{**} (0.002)
X4	-0.005^{**} (0.002)	-0.002^{**} (0.001)	-0.002^{**} (0.001)
X5	0.001^{***} (0.001)	-0.001^{***} (0.000)	0.001 (0.001)
X6	0.002^{**} (0.001)	0.001^{***} (0.002)	0.001 (0.001)
X7	0.002^{**} (0.001)	0.002 (0.002)	0.001 (0.001)
X8	0.008^{***} (0.001)	0.005^{***} (0.001)	0.004 (0.003)

第5章 制度环境对家庭农场绿色生产生态效应的影响研究

续表

	⑬	⑭	⑮
X9	0.007*** (0.001)	0.002** (0.001)	-0.002 (0.001)
X10	-0.001 (0.001)	0.004 (0.003)	0.001 (0.002)
X11	-0.002 (0.002)	-0.001 (0.003)	0.002 (0.002)
X12	0.002** (0.001)	0.002 (0.003)	-0.001 (0.001)
控制变量	已控制		已控制
N	45	50	50
Wald 值	158.380	60.600	63.500
Log likelihood	38.478	25.041	47.107

注：*，**，*** 分别表示在10%，5%，1%的水平上显著。

进一步按照经济发展水平分组，将天津市、上海市等14个省、自治区及直辖市列为经济发达地区，其他15省、自治区列为经济落后地区。回归结果如表5-10。通过模型⑯，经济发达的地区，标准规范、示范农场、金融扶持、财政补贴、教育培训、科技创新及引导鼓励均对家庭农场绿色生产的生态效应具有显著的促进作用，行政监管则对家庭农场绿色生产的生态效应具有显著的负向作用。由此得出，经济发达地区制度内容对家庭农场绿色生产的生态效应的影响与基础回归一致。通过模型⑰，可以得到我国经济落后地区的行政监管制度对家庭农场绿色生产的生态效应影响为负，并且影响效果显著；引导型激励的系数为0.002，在5%水平通过显著性检验,其他制度变量对农场绿色生产的生态效应的影响均不显著。可见,制度内容对家庭农场绿色生产的生态效应的影响存在明显的地区差异。

从异质性分析结果来看,在制度形式维度,东中西地区分组中,东部和中部地区的表现一致,制度数量和制度强度均对家庭农场绿色生产的生态效应的影响为负向,地区差异主要体现在西部地区,西部地区制度数量和制度强度对家庭农场绿色生产的生态效应没有显著影响;经济强弱分组中,地区差异体现在制度数量方面,经济发达地区的制度数量对家庭农场绿色生产的生态效应的影响为负向,而经济落后地区制度数量对家庭农场绿色生产的生态效应则不具有显著影响。因此,制度形式维度方面,总体上呈现对西部地区、经济落后地区的家庭农场绿色生产生态效应的影响不显著。可能的解释为,一方面,制度数量和制度强度的增加并不一定会直接优化家庭农场绿色生产的制度环境;另一方面,家庭农场绿色生产的生态效应的提升除了与制度环境数量和强度有关外,当地的社会、经济、地理、气候等条件也都是重要的影响因素。西部整体经济发展较为落后,而制度环境的影响也需要经济条件作为支撑,故在西部地区和经济落后地区的制度数量对家庭农场绿色生产生态效应的影响不显著,同时西部地区的制度强度对家庭农场绿色生产生态效应的影响也不显著。

在制度内容维度,主要体现在激励型制度和能力建设型制度对家庭农场绿色生产的生态效应的影响具有地区差异。具体来看,无论是东中西分地区还是经济强弱分区,激励型制度中示范农场(X_5)和金融扶持制度(X_6)以及能力建设型制度中培训教育(X_8)和科技创新制度(X_9)在西部地区、经济落后地区对家庭农场绿色生产的生态效应的影响均不显著,而在东部、中部和经济发达地区这些制度则对家庭农场绿色生产的生态效应具有显著的促进作用。可能的原因是,虽然政府为了促进家庭农场绿色生产的生态效应的提高采取了物质激励制度,然而,在西部地区以及一些经济发展落后地区,农场主们本身生产经营的收入较低,政府给予农场主的物质激励并不一定被利用到提高家庭农场绿色生产方面,可能存在套取补贴资金的寻租情形,无法有效落实绿色生产的物质激励,不利于家庭农场绿色生产积极性的激发[1]。同时,在经济发展落后地区,消费者的消费水平也较低,对绿色农产品和高质量农产品的消费需求有限,农场主们采取绿色生产方式生产的农产品可能会由于价格较高,而影响市场占有率,进而缺乏提高家庭农场绿色生产的生态效应的积极性。由此可以得到,在西部地区、经济发展落后地区上述制度内容无法对家庭农场绿色生产的生态效应产生显著的促进作用。

激励型制度中财政补贴制度(X_7)和引导型制度(X_{12})对家庭农场绿色生产的生态效应的影响也体现出地区差异。具体为东部地区为正向影响,而中西部地区均不显著。其中财政补贴制度的异质性原因与上述激励型制度的金融扶持和示范农场制度类似。而引导型制度方面,虽然政府通过宣传、鼓励等方式对家庭农场主进行引导,能够降低采纳绿色生产方式的成本,然而能否实现绿色生产方式的转型,关键在于是否能够得到足够的技术支持。在技术支持方面,中部和西部地区显然要弱于东部地区,故中部和西部地区在引导型制度方面对家庭农场绿色生产的生态效应的影响不显著。总之,在制度内容维度地区差异显著,总体表现为西部与东部、中部的地区差异,经济发达地区与经济落后地区明显的地区差异。

---

[1] 张笑寒、汤晓倩:"农业产业化联合体参与主体的绿色生产行为研究——基于政府激励视角",载《农林经济管理学报》2021年第2期。

表 5-10 经济强弱分组检验结果

变量	⑯ EER（强）	⑰ EER（弱）
X3	0.009* (0.005)	0.001 (0.006)
X4	-0.002** (0.001)	-0.001*** (0.000)
X5	0.001*** (0.000) (0.000)	0.001 (0.001) (0.001)
X6	0.002** (0.001)	0.004 (0.004)
X7	0.002** (0.001)	0.004 (0.006)
X8	0.004*** (0.001)	0.002 (0.002)
X9	0.001*** (0.000)	0.001 (0.006)
X10	0.005 (0.010)	0.009 (0.024)
X11	0.001 (0.003)	0.001 (0.001)
X12	0.003*** (0.001)	0.002** (0.001)
控制变量	已控制	已控制
N	75	70

续表

	⑯	⑰
Wald 值	195.750	178.860
Log likelihood	50.524	29.588

注：*，**，*** 分别表示在 10%，5%，1%的水平上显著。

5.6 小结

本章通过面板 Tobit 模型验证制度数量、制度强度和制度内容对于家庭农场绿色生产生态效应的影响，发现制度数量对家庭农场绿色生产生态效应有抑制作用，制度强度对家庭农场绿色生产生态效应有正向促进作用。制度内容方面发现，命令型制度中标准规范，激励型制度中示范农场、金融扶持、财政补贴，能力建设型制度中培训教育、科技创新，引导性制度的频次对于家庭农场绿色生产的生态效应有正向促进作用；命令型制度频次维度中行政监管对于家庭农场绿色生产的生态效应有负向影响，能力建设型制度频次中信息化平台和基础设施对于家庭农场绿色生产的生态效应没有影响。为了验证回归结果的稳健性，本文采用超效率 DEA 模型测算的家庭农场绿色生产的生态效应值，稳健性结果显示制度数量依旧对家庭农场绿色生产的生态效应产生抑制作用，制度强度对家庭农场绿色生产的生态效应产生促进作用，与基础回归结果一致。制度内容稳健性方面也与基础回归结果一致。本章为了进一步探究地区之间的差异性，将样本按照东部，中部和西部分组，经济发达地区和经济落后地区进行分组检验，制度数量和制度强度在东部与中部地区显著，西部地区不显著；制度数量和制度强度在经济强省市显著，而在经济弱省市不显著。制度内容方面，相比于西部地区，东部和中部地区示范农场、金融扶持、培训教育、科技创新等制度对于家庭农场绿色生产的生态效应的影响显著;相较于经济落后地区,经济发达地区示范农场、财政补贴、金融扶持、培训教育以及科技创新制度对于家庭农场绿色生产的生态效应的促进影响显著。因此,结合家庭农场绿色生产的生态效应、地区经济条件、资源条件、环境条件等方面,针对不同地区,尤其西部、经济落后地区应采取有所区别的制度战略。

第6章 制度环境对家庭农场绿色生产经济效应的影响研究

6.1 问题的提出

家庭农场绿色生产的效应主要包括生态效应和经济效应,在分析制度环境对家庭农场绿色生产效应影响时,一方面要考虑制度环境使家庭农场经营者对化肥、农药和农膜等农业化学品生产要素的减量使用而产生的绿色生产生态效应,另一方面也要考虑制度环境带来的生产要素投入增加所产生的经济效应(如粮食产量、收入等)[1]。第5章实证分析了制度环境对家庭农场绿色生产生态效应的影响,那么制度环境如何对家庭农场绿色生产的经济效应产生影响呢?这一问题值得探究。现有制度环境下,相关制度形式或者内容有利于将绿色生产的正外部性行为内生化,降低交易成本的同时增加效益,那么一般家庭农场主会改变生产要素投入,而无论是改变要素结构或者要素的投入规模,都将由此产生结构效应或是技术效应,使技术效率或是技术进步得以提升,带来绿色生产水平的提

---

[1] 肖锐、陈池波:"财政支持能提升农业绿色生产率吗?——基于农业化学品投入的实证分析",载《中南财经政法大学学报》2017年第1期。

升和绿色优质农产品的产出。加之农产品认证制度带来的农产品信息的不对称降低，以及消费者对食品安全需求的增强，有利于产生绿色农产品的增值溢价效果，进而提升家庭农场绿色生产的经济效应。

已有关于制度对绿色生产经济效应的影响的研究，主要包括农产品认证制度及监管制度、科技创新制度、财政补贴制度、农业保险制度等方面。Albersmeier 等（2010）认为建立健全绿色农产品认证并加强绿色农产品监管对农业绿色生产具有积极作用，因为绿色农产品认证能够解决信息不对称的问题，有利于农业绿色生产经济效应的提升[1]。Delbridge 等（2011）认为科技创新会大大提升农业绿色生产的经营效率，拓展市场份额，提升经济效应[2]。周小武（2016）具体分析了病虫害绿色防控技术的采纳对农户农业收入的影响，得出该技术采纳对农户具有显著的增收效应[3]。Bolw（2014）认为政府通过财政补贴有利于补偿农业生产者在绿色生产过程中增加的成本，从而增加绿色优质农产品的供给[4]。Gardebroek（2006）提出相较于农业的传统生产方式，农业的绿色生产对农业保险的需求更为强烈，并且农业保险能够改善农业绿色生产

---

[1] Friederike Albersmeier, Holger Schulze, Achim Spiller, "System Dynamics in Food Quality Certifications: Development of an Audit Integrity System", International Journal on Food System Dynamics, 1 (2010).

[2] Timothy A. Delbridge, Jeffrey A. Coulter, Robert P. King, Craig C. Sheaffer, Donald Wyse, "Economic Performance of Long-Term Organic and Conventional Cropping Systems in Minnesota", Agronomy Journal, 103 (2011).

[3] 周小武："测土配方施肥对佛冈县水稻栽培的影响"，载《安徽农业科学》2016年第14期。

[4] Bolw. Zahlen, Daten, Fakten: Die Bio-Branche 2014.［Figures, Data, Facts: The Organic Sector 2014］. Bund Ökologische Lebensmittelwirtschaft, Berlin http://www.boelw.de/fileadmin/Dokumentation/Rechtstexte/BOELW_ ZDF_ 2015_ web. pdf)

的经济效应[1]。通过已有研究可以大致了解制度对农业绿色生产经济效应的影响方向,但已有研究并未聚焦于家庭农场绿色生产的经济效应,而家庭农场绿色生产与一般的农业绿色生产的经济效应影响并不完全一致,同时已有研究亦未涉及制度数量、制度强度方面的影响。因此,本章将运用面板回归模型探析制度环境对我国家庭农场绿色生产经济效应的影响机理,重点分析制度数量、制度强度以及制度内容对家庭农场绿色生产经济效应的影响路径,并对其进行异质性分析,为后续优化制度环境提供借鉴。

6.2 模型构建和指标选取

6.2.1 多元线性回归模型构建

第5章实证分析了制度环境对家庭农场绿色生产的生态效应的影响机理,本章将研究制度环境对家庭农场绿色生产经济效应的影响机理,本章选取家庭农场绿色生产的平均产值作为被解释变量,采用多元线性回归模型进行回归分析,设定模型如下:

$$Y_{it} = \beta 0 + \beta 1 X1, it + \beta 2 X2, it + \beta j \sum_{j} Zj, it + \mu i + \varepsilon it \quad (6-1)$$

模型(6-1)中,Y_{it}表示家庭农场绿色生产的平均产值,i和t表示省份和时间,$\beta 0$为截距项,$\beta 1$为制度数量的估计系数,$X1, it$表示核心解释变量制度数量,$\beta 2$为制度强度的估计系数,$X2, it$为核心解释变量制度强度,μi为个体效应,εit为模型的随机误差项。

进一步地,本文从制度内容的角度研究其对于家庭农场绿色生

---

[1] Cornelis Gardebroek, "Comparing Risk Attitudes of Organic and Non-Organic Farmers with a Bayesian Random Coefficient Model", European Review of Agricultural Economics, 4 (2006).

产经济效应的影响，构建模型（6-2）：

$$Y_{it} = \beta_0 + \beta_3 X_{3,it} + \beta_4 X_{4,it} + \beta_5 X_{5,it} + \beta_6 X_{6,it} + \beta_7 X_{7,it} + \beta_8 X_{8,it} + \beta_9 X_{9,it} + \beta_{10} X_{10,it} + \beta_{11} X_{11,it} + \beta_{12} X_{12,it} + \beta_j \sum_j Z_{j,it} + \mu_i + \varepsilon_{it} \quad (6-2)$$

模型（6-2）中，Y_{it} 表示家庭农场绿色生产的平均产值，i 和 t 表示省份和时间，β_0 为截距项，β_3 为标准规范的估计系数，$X_{3,it}$ 表示标准规范，β_4 为行政监管的估计系数，$X_{4,it}$ 为行政监管，β_5 为示范农场的估计系数，$X_{5,it}$ 为示范农场，β_6 为金融扶持的估计系数，$X_{6,it}$ 为金融扶持，β_7 为财政补贴的估计系数，$X_{7,it}$ 为财政补贴，β_8 为培训教育的估计系数，$X_{8,it}$ 为培训教育，β_9 为科技创新的估计系数，$X_{9,it}$ 为科技创新，β_{10} 为信息化平台的估计系数，$X_{10,it}$ 为信息化平台，β_{11} 为基础设施的估计系数，$X_{11,it}$ 为基础设施，β_{12} 为引导鼓励的估计系数，$X_{12,it}$ 为引导鼓励，μ_i 为个体效应，ε_{it} 为模型的随机误差项。

6.2.2 指标选取

（1）被解释变量

家庭农场绿色生产的平均产值作为被解释变量，主要反映家庭农场绿色生产的经济效应，本文采用家庭农场的平均产值来衡量家庭农场绿色生产的平均产值。对此，学者们在理论研究方面对家庭农场生产的绿色化抱有极大的信心。杜志雄（2021）提出农业生产主体是落实和实施农业绿色发展的关键主体，家庭农场作为农业生产主体中与我国农业绿色生产发展方向高度一致的主体[1]。李国祥（2019）通过研究提出家庭农场在我国发展高质量的绿色农业过

---

[1] 杜志雄、金书秦："从国际经验看中国农业绿色发展"，载《世界农业》2021年第2期。

第6章 制度环境对家庭农场绿色生产经济效应的影响研究

程中,应受到格外的关注和重视[1]。不仅在理论研究中,生产实践方面,也体现出家庭农场绿色生产的典型特征。汪普庆等(2017)通过研究发现家庭农场拥有较高的经济效益,具有运用绿色生产技术的经济先行条件,也具有生产优质绿色农产品的强烈意愿,因此家庭农场是农业绿色生产的重要力量[2]。实践中,广大家庭农场采用绿色生产方式进行生产,尤其是农业农村部推介的典型家庭农场,绿色生产方式更加普遍,绿色生产水平也更高。蔡颖萍和杜志雄(2016)经实地调研分析发现具有绿色生产的积极主动性是家庭农场生产经营的突出特征,并且绿色的生产方式趋势逐渐增强[3]。进一步地,张建杰(2020)依据全国家庭农场监测报告数据研判家庭农场的绿色生产行为,得出我国家庭农场生产呈现绿色生产的态势,并呈现区域差异。由此可见,家庭农场的生产呈现绿色生产的特征,故家庭农场生产的平均产值可以作为家庭农场绿色生产平均产值的替代变量,用来衡量家庭农场绿色生产的经济效应。具体计算方法为:

农场平均产值=农业产值/种植规模×农场平均规模

(2) 核心解释变量

核心解释变量与第五章选取指标一致。一方面,从制度数量(X_1)和制度强度(X_2)两个不同维度衡量制度供给。另一方面,分析制度内容对家庭农场绿色生产经济效应的影响,故本文从以下10个维度分析制度内容,首先是命令型制度频次,通过标准规范(X_3)和行政监管(X_4)衡量;其次是激励性制度频次,通过示范

---

[1] 李国祥:"新中国解决粮食问题的70年探索",载《中国粮食经济》2019年第10期。

[2] 汪普庆等:"家庭农场农产品质量安全控制行为的影响因素研究——基于武汉市调查",载《农林经济管理学报》2017年第5期。

[3] 蔡颖萍、杜志雄:"家庭农场生产行为的生态自觉性及其影响因素分析——基于全国家庭农场监测数据的实证检验",载《中国农村经济》2016年第12期。

农场（X_5）、金融支持（X_6）和财政补贴（X_7）；然后是能力建设型制度频次，从培训教育（X_8）、科技创新（X_9）、信息化平台（X_{10}）和基础设施（X_{11}）；最后是引导型制度激励，通过引导鼓励（X_{12}）衡量。

（3）控制变量

控制变量为：①地方经济发展水平；②产业结构水平；③科技创新水平；④固定资产投资，本文采用农村农户固定资产投资总额来衡量；⑤农场经营特征，包括工商登记、完整收支记录、规模经营平均年限以及示范农场；⑥农场主特征，包括农场主户籍、年龄和受教育程度。以上控制变量同前面的模型一致，此处不再赘述。具体变量说明如表6-1。

表6-1 变量说明

变量	变量符号	变量解释
绿色生产经济效应	EER	通过计算得出的农场平均产值
制度数量	X_1	当年颁布的制度文本数
制度强度	X_2	当年颁布的制度文本效力
标准规范	X_3	制度文本中关于标准规范类制度的频次
行政监管	X_4	制度文本中关于行政监管类制度的频次
示范农场	X_5	制度文本中关于示范农场类制度的频次
金融扶持	X_6	制度文本中关于金融扶持类制度的频次
财政补贴	X_7	制度文本中关于政府补贴类制度的频次
培训教育	X_8	制度文本中关于教育培训类制度的频次
科技创新	X_9	制度文本中关于科技创新类制度的频次

第6章 制度环境对家庭农场绿色生产经济效应的影响研究

续表

变量	变量符号	变量解释
信息化平台	X_{10}	制度文本中关于信息化平台建设类制度的频次
基础设施	X_{11}	制度文本中关于基础设施建设类制度的频次
引导鼓励	X_{12}	制度文本中关于引导鼓励类制度的频次
受教育程度	X_{13}	农场主中受教育程度为高中以上的占比
平均年龄	X_{14}	农场主的平均年龄
本乡户籍	X_{15}	农场主中本乡户籍的占比
工商登记	X_{16}	农场进行工商登记的占比
规模经营平均年限	X_{17}	农场进行规模经营的平均年限
完整收支记录	X_{18}	农场中有完整收支记录的占比
示范农场	X_{19}	农场中示范农场的占比
经济发展水平	X_{20}	各省、自治区及直辖市的人均GDP
产业结构特征	X_{21}	第一产业增加值占地区生产总值的比重
科技创新水平	X_{22}	R&D经费支出占地区生产总值的比重
固定资产投资	X_{23}	农村农户固定资产的投资金额

6.3 数据来源和描述性统计

(1) 数据来源

本文选取我国29个省、自治区及直辖市的2014~2018年面板数据进行研究，家庭农场绿色生产平均产值数据测算来源为：农业农村部政策与改革司、中国社会科学院农村发展研究所联合编著2015~2019年《中国家庭农场发展报告》的监测数据，以及《中国农村统计年鉴》。

核心解释变量制度数据来源为：通过各省、自治区及直辖市人大官网、各省、自治区及直辖市政府官网以及北大法宝网站，搜索"家庭农场""农业绿色生产""农药""化肥""农膜""节水灌溉""秸秆处理"七个关键词，检索收集法律法规及政策性规范性文件，时间跨度为2014~2018年。控制变量数据来自：《中国统计年鉴》、《中国农村统计年鉴》（2015~2019年）。

（2）描述性统计

家庭农场绿色生产平均产值地区差异较大，29个省、自治区及直辖市的平均值为84.800万元，标准差为48.828，最小值为7.561万元，最大值为237.333万元，说明地区之间家庭农场绿色生产的经济效应差距较大。控制变量描述性统计同表5-2模型。

6.4 制度环境对家庭农场绿色生产经济效应影响的实证分析

6.4.1 多元线性回归模型基础回归

为了验证制度数量和制度强度对家庭农场绿色生产经济效应的影响，得到表6-2。由表6-2可知，在不加入任何控制变量的前提下，家庭农场在绿色生产过程中，制度数量和制度强度对农场绿色生产的经济效应存在正向影响。进一步将农场主特征受教育程度（X_{13}）、户主平均年龄（X_{14}）和本乡户籍占比考虑到模型，发现核心解释变量制度数量（X_1）和制度强度（X_2）均依旧为正向，同时在1%的水平上通过显著性检验。最后将农场特征、社会经济科技等控制变量加入到回归模型中，发现制度数量和制度强度对家庭

第6章 制度环境对家庭农场绿色生产经济效应的影响研究

农场绿色生产经济效应均具有显著的正向影响。可能的原因是,国家发布的一系列制度文本中,对家庭农场绿色生产经济效应产生影响的主要是资金扶持制度和能力培养制度,也可以说是激励型制度和能力建设型制度,而这两类制度的数量增加,也就意味着有更多的资金支持和能力培养支持,能够为家庭农场绿色生产提供资金保障,为农场主生产经营能力的提升提供支持;同时,这两类制度强度的增加,农场及农场主得到的资金支持和能力支持强度也在加强,由此,随着制度数量和制度强度的增加,家庭农场绿色生产的经济效应也在不断提升。

就控制变量的影响层面而言,农场主特征影响维度中家庭农场主的受教育程度对家庭农场绿色生产的经济效应有正向促进作用。这是由于农场主的受教育程度越高,越能够通过更低的成本掌握农业绿色生产技术,从而提升农场产值,故经济效应提升作用明显。家庭农场主的平均年龄(X_{14})则会显著抑制家庭农场绿色生产的经济效应,如上文所述,伴随着农场主年龄的增长,会更加倾向于绿色生产,但同时随着农场主年龄的不断增长,尤其在老龄化的情况下,农场主的体力和健康状况水平均会下降,无法满足家庭农场绿色生产经营管理所需的劳动力投入需求,加之其对于农业绿色生产技术更新换代的接受能力较弱,可能会导致采纳绿色生产技术的高成本和低收益,进而制约农场绿色生产的经济效应。而农场主的户籍(X_{15})则不对家庭农场绿色生产的经济效应产生影响。从农场经营特征的维度来看,家庭农场进行工商登记(X_{16})对家庭农场绿色生产的经济效应有正向促进作用。这是因为,大多数进行工商登记的家庭农场经营规模较大,同时有着先进的管理理念,进行工商登记后的家庭农场拥有了明确的市场主体地位,在融资和生产交易方面都拥有较大的优势,故能够产生较大的经济效应。农场经营规模年限(X_{17})的回归系数为正,在10%的水平上通过显著性检验，故农场经营规模年限对于家庭农场绿色生产的经济效应具有促进作用。这是因为规模经营年限较长的家庭农场，生产经营稳定，劳动力和生产资料的供给也较为稳定，且获取成本较低；同时规模经营年限较长的家庭农场，规模化经营更利于农业绿色生产技术的运用，有助于获取更高的规模效益，从而为家庭农场绿色生产带来更高的经济效应[1]。示范农场（X_{19}）对家庭农场绿色生产的经济效应的提升具有积极的促进作用，这可能与示范农场的技术生态效应较高有一定关系，加之示范农场往往能够得到更多的资金补贴，从而经济效应也就更高。而农场拥有完整收支记录（X_{18}）则对家庭农场绿色生产经济效应的作用不显著。

考虑地区经济社会的发展特点，地区经济发展水平（X_{20}）对家庭农场绿色生产经济效应具有显著的促进作用。经济发展水平高的地区政府对家庭农场的资金扶持力度较大，能够带动教育、科技、金融等各方面对家庭农场绿色生产的投入，产值也会随之提升，从而带动家庭农场绿色生产的经济效应。地区的科技创新水平（X_{22}）对家庭农场绿色生产的经济效应具有显著的正向影响。科技创新水平高的地区，家庭农场运用更高水平的绿色生产技术，提升规模效应的同时，优质的绿色农产品也会产生显著的溢价效应。之所以会产生市场溢价，是因为与传统的农业生产相比，绿色生产需要更高成本的投入，并且会生产出更高质量的农产品，通过抬高市场价格，不仅可以为农场主带来较好的经济收益，也满足了消费者对高质量绿色农产品的需求[2]；而之所以会产生规模效应，是由于通过扩大经营规模可以降低农场主因采用绿色生产方式而付出的

---

[1] 刘畅、张馨予、张巍：“家庭农场测土配方施肥技术采纳行为及收入效应研究”，载《农业现代化研究》2021年第1期。

[2] 陈梅英等：“农业绿色生产技术采纳对农户收入的影响效应研究”，载《生态与农村环境学报》2021年第10期。

第6章 制度环境对家庭农场绿色生产经济效应的影响研究

单位面积经济成本,并通过规模经营占领更广阔的绿色农产品市场。由此,科技创新水平高的地区,绿色生产技术越发达,其市场溢价和规模效应越明显,从而家庭农场绿色生产的经济效应也会越高。而固定资产投资(X_{23})的回归结果为正向,且影响显著,故固定资产投资对于家庭农场绿色生产经济效应的影响为负向。这可能是由于固定资产投资越多,意味着农场主付出的成本越高,相应其收入效应就会降低。产业比重(X_{21})则对家庭农场绿色生产经济效应的影响不显著,从统计学的意义上来说不产生影响。

表6-2 制度数量、制度强度的基础回归结果

变量	① Y	② Y	③ Y	④ Y
X_1	0.626*** (0.208)	0.628*** (0.198)	0.569*** (0.184)	0.540*** (0.185)
X_2	0.466** (0.173)	0.420*** (0.149)	0.259* (0.143)	0.287* (0.165)
X_{13}		0.671** (0.310)	0.438* (0.255)	0.501* (0.268)
X_{14}		-2.149*** (0.260)	-2.474*** (0.357)	-2.457*** (0.344)
X_{15}		-0.354 (0.339)	-0.105 (0.435)	-0.118 (0.428)
X_{16}			0.289** (0.133)	0.336** (0.138)
X_{17}			2.214* (1.269)	2.591* (1.284)

续表

	①	②	③	④
X_{18}			0.201 (0.120)	0.189 (0.118)
X_{19}			0.186* (0.093)	0.232** (0.112)
X_{20}				0.354* (0.191)
X_{21}				3.517 (2.898)
X_{22}				15.159** (7.580)
X_{23}				-0.007** (0.003)
_cons	53.847*** (6.850)	151.462*** (38.047)	102.104** (47.255)	81.347 (58.287)
N	145	145	145	145
F	13.773	51.695	15.039	12.489
R^2	0.405	0.516	0.597	0.625

注：括号内为 Z 值，*，**，*** 分别表示 10%，5%，1%水平上显著。

进一步探讨制度内容对家庭农场绿色生产经济效应的影响，将农场主特征、农场特征、社会经济科技等控制变量加入到回归模型中，得到表 6-3。如表 6-3 所示，命令型标准规范和行政监管维度对农场绿色生产的经济效应产生负向影响，这是由于命令型制度中标准规范虽然对家庭农场绿色生产方式的采纳有很大的促进作用，

第6章　制度环境对家庭农场绿色生产经济效应的影响研究

但与此同时也要付出更多的生产成本，短期内无法直接产出更多的收益；而命令型制度中行政监管不仅对家庭农场绿色生产方式的采纳没有积极作用，由于部分行政监管人员的腐败作风，还会增加农场主生产经营的负担，从而不利于家庭农场绿色生产经济效应的提升。

与命令型制度截然相反的是，激励型制度则普遍对家庭农场绿色生产的经济效应产生正向促进作用。示范农场、金融扶持以及财政补贴的回归系数均为正，并且影响显著。原因在于，激励型制度是以物质激励来带动家庭农场绿色生产的，一方面，直接的物质激励会直接增加家庭农场绿色生产的经济收益；另一方面，间接的物质激励会通过影响家庭农场绿色生产要素投入的变化，进而促进其技术效率和技术进步的提升，随着家庭农场绿色生产水平的不断发展，也会带来更多的经济效应反馈。以金融扶持中的农业保险来说，它具有保障作用，农业保险的保障水平在保障广度和保障深度两方面都会对农场的经济效应起着显著的中介作用[1]。

就能力建设型制度的影响层面而言，教育培训对家庭农场绿色生产经济效应的影响为显著的促进作用，教育培训提升1%，农场绿色生产的经济效应提升0.7%；科技创新也能显著促进家庭农场绿色生产的经济效应的提升，科技创新提升1%，经济效应就会提升0.8%；基础设施对家庭农场绿色生产经济效应的作用方向也为正，并且作用显著，具体体现为基础设施频次提升1%，经济效应提升0.2%。教育培训制度对家庭农场绿色生产经济效应的促进影响主要体现在直接和间接两方面。直接的影响是由于农场主接受农机技术培训能够熟练操作农业机械，从而减少人力的投入成本，农场主接受农业化学品投入培训能够更加科学合理地使用农业化学

---

[1] 刘玮、孙丽兵、庹国柱："农业保险对农户收入的影响机制研究——基于有调节的中介效应"，载《农业技术经济》2022年第6期。

品，从而达到精准施药施肥降低农业化学品的投入成本，由此通过技术培训能够直接降低家庭农场绿色生产成本[1]。所以，通过技术培训，能够使家庭农场主提升绿色生产技能的同时，增强绿色生产经营理念，从而减少不科学、不合理的成本花费，增加生产回报[2]，最终家庭农场绿色生产的经济效应得以提升。而间接的影响是由于受教育程度更高的农场主对绿色生产技术和农业机械设备的接受能力和应用水平更高，也就能够在更加合理地进行资源配置、更加集约地进行绿色生产的同时[3]，使结构效应与技术效应双双提升，进而有效提升家庭农场绿色生产的经济效应。而信息化平台对家庭农场绿色生产经济效应的影响则没有通过显著性检验。可见，能力建设型制度中，除信息化平台的影响不显著，其他均对家庭农场绿色生产的经济效应产生正向的促进作用。此外，引导型制度对家庭农场绿色生产经济效应的影响并不显著。

表6-3 制度内容的基础回归结果

	⑤	
	Y	
变量	系数	标准误
X3	-0.009*	0.005
X4	-0.050**	0.023

---

[1] 应瑞瑶、朱勇：“农业技术培训方式对农户农业化学投入品使用行为的影响——源自实验经济学的证据”，载《中国农村观察》2015年第1期。

[2] 曹铁毅、王雪琪、邹伟：“经营规模、农业技术培训与家庭农场收入——基于江苏省的调查”，载《农业现代化研究》2020年第2期。

[3] 张利国、刘芳、王慧芳：“水稻种植农户产品营销方式选择行为分析”，载《农业技术经济》2015年第3期。

第6章 制度环境对家庭农场绿色生产经济效应的影响研究

续表

	⑤	
X5	0.109**	0.050
X6	0.005**	0.002
X7	0.015**	0.007
X8	0.007**	0.003
X9	0.008**	0.004
X10	0.019	0.038
X11	0.002**	0.001
X12	0.084	0.050
控制变量	已控制	已控制
N	145	
F 值	60.950	
R^2 值	0.612	

注：*，**，*** 分别表示在10%，5%，1%的水平上显著。

6.4.2 稳健性检验

本文通过将天津市、上海市和重庆市三个直辖市剔除，来验证基础回归结果的稳健性，结果如表6-4。将农场主特征、农场特征、社会经济科技等控制变量加入到回归模型中，制度数量和制度强度的回归结果均为正向，且影响显著。通过分析回归结果和稳健性结果，我们发现制度数量与制度强度对于家庭农场绿色生产的经济效应均为正向影响。

表6-4 制度数量和制度强度的稳健性检验

	⑥	
	Y	
变量	系数	标准误
X1	0.654***	0.170
X2	0.228*	0.129
控制变量	已控制	已控制
N	125	
R^2	0.597	
F值	11.790	

注：*，**，*** 分别表示在10%，5%，1%的水平上显著。

同样剔除三个直辖市样本后进行多元线性回归，来验证制度内容结果的稳健性，结果如表6-5。将农场主特征、农场特征、社会经济科技等控制变量加入到回归模型中，标准规范和行政监管对家庭农场绿色生产经济效应的影响均为负向，并且影响显著；示范农场、金融扶持、财政补贴、教育培训、科技创新以及基础设施建设对家庭农场绿色生产经济效应均为显著的促进作用；信息化平台则影响不显著。稳健性结果与基础回归结果对比可以得到，核心解释变量中各维度制度对家庭农场绿色生产经济效应的影响方向和显著性程度基本一致，可见本研究的分析结论是较为稳健可靠的。

第6章 制度环境对家庭农场绿色生产经济效应的影响研究

表6-5 制度内容的稳健性检验

		⑦	
		Y	
变量	系数		标准误
X3	-0.009*		0.005
X4	-0.046**		0.022
X5	0.093**		0.049
X6	0.007***		0.002
X7	0.021**		0.009
X8	0.008***		0.003
X9	0.008**		0.004
X10	0.047		0.045
X11	0.009**		0.004
X12	0.085		0.056
控制变量	已控制		已控制
N		125	
R^2 值		0.605	
F 值		44.630	

注：*，**，*** 分别表示在10%，5%，1%的水平上显著。

6.5 异质性分析

本章按照东部、中部、西部地区，经济发达地区与经济落后地区进行异质性分析。首先探究制度数量和制度强度对家庭农场绿色生产的经济效应是否存在地区差异，回归结果如表6-6。通过模型⑧，发现东部地区的制度数量和制度强度对家庭农场绿色生产的经济效应具有显著的正向影响。通过模型⑨，发现中部地区的制度数量和制度强度对家庭农场绿色生产效应也有显著的促进作用。通过模型⑩，发现西部地区的制度数量和制度强度影响同东部和中部地区，可见制度数量和制度强度对家庭农场经济效应的影响不存在东中西地区差异。

表6-6 制度数量和制度强度分组检验（东中西）

变量	⑧ Y（东）	⑨ Y（中）	⑩ Y（西）
X1	0.610*** (0.210)	0.553*** (0.184)	0.520*** (0.186)
X2	0.294* (0.162)	0.276* (0.154)	0.243* (0.139)
控制变量	已控制		已控制
N	45	50	50
F	14.743	13.862	13.431
R^2	0.642	0.584	0.593

注：*，**，*** 分别表示在10%，5%，1%的水平上显著。

进一步按照经济发展水平分组，将天津、上海等14省、自治区及直辖市列为经济发达地区，其他15省、自治区、直辖市列为经济落后地区。回归结果如表6-7。通过模型⑪，经济发达地区的制度数量和制度强度对家庭农场绿色生产经济效应都有显著的正向

第6章 制度环境对家庭农场绿色生产经济效应的影响研究

影响,这说明在经济发达地区制度数量越多,强度越大,对绿色生产经济效应的促进作用越显著;模型⑫的回归显示经济落后地区的制度数量和制度强度的回归系数均为正向,且影响显著。结果同东中西分组情况。这可能是由于制度往往是由中央到地方推行,核心制度形式是一致的,而经济效应相较于绿色生产的生态效应是更加直接的效应体现,与当地的社会经济等条件联系较弱,故制度形式方面的制度数量及强度对家庭农场绿色生产经济效应的影响未体现明显的地区差异。

表6-7 制度数量和制度强度分组检验(经济强弱)

变量	⑪ Y(强)	⑫ Y(弱)
X1	0.584*** (0.188)	0.521*** (0.180)
X2	0.305* (0.168)	0.239* (0.135)
控制变量	已控制	已控制
N	75	70
F值	14.642	13.861
R^2	0.652	0.589

注:*,**,***分别表示在10%,5%,1%的水平上显著。

将制度内容按照东部、中部、西部地区和经济发达地区与经济落后地区进行异质性分析。东中西地区分组方面,回归结果如表6-8。根据模型⑬、模型⑭、模型⑮,就命令型制度的影响层面而言,标准规范(X_3)和行政监管(X_4)在东中西三个地区对家庭农场绿色生产经济效应均有显著的抑制作用,因此在这两个方面不存在异质性。激励型制度中,示范农场(X_5)和财政补贴(X_7)的东中西地区均有正向的显著影响,可见这两类制度内容对家庭农场绿色生产的经济效应不存在异质性。而激励型制度中的金融扶持(X_6)在东、中、西三个地区的回归系数均为正,但从统计学的意义上讲,西部地区的金融扶持制度对家庭农场绿色生产的经济效应不发生作用。能力建设型制度中,东部和中部地区的培训教育(X_8)和科技创新(X_9)对家庭农场绿色生产的经济效应有显著的促进作用,而西部地区的培训教育和科技创新制度则对家庭农场绿色生产的经济效应不产生显著影响。东部地区的基础设施建设(X_{11})对家庭农场绿色生产的经济效应有显著的促进作用,而中部和西部的基础设施建设(X_{11})影响均不显著。

表6-8 制度内容分组检验(东中西)

变量	⑬ Y(东)	⑭ Y(中)	⑮ Y(西)
X3	-0.010** (0.005)	-0.008** (0.004)	0.005** (0.002)
X4	-0.061** (0.031)	-0.054** (0.026)	-0.038** (0.017)
X5	0.013*** (0.004)	-0.110** (0.002)	0.001 (0.001)
X6	0.008** (0.004)	0.004** (0.002)	0.001 (0.001)
X7	0.020** (0.009)	0.017** (0.008)	0.010** (0.005)

第6章 制度环境对家庭农场绿色生产经济效应的影响研究

续表

	⑬	⑭	⑮
X8	0.008*** (0.001)	0.004*** (0.001)	0.004 (0.003)
X9	0.010*** (0.002)	0.006** (0.003)	-0.002 (0.001)
X10	0.021 (0.015)	0.020 (0.016)	0.017 (0.017)
X11	0.004** (0.002)	0.002 (0.003)	0.002 (0.002)
X12	0.090 (0.067)	0.084 (0.0065)	0.077 (0.063)
控制变量	已控制		已控制
N	45	50	50
F值	52.640	47.480	61.860
R^2	0.483	0.264	0.431

注：*，**，***分别表示在10%、5%、1%的水平上显著。

进一步按照经济发展水平分组，将天津市、上海市等14省市列为经济强省市，其他15省市为经济弱省市，回归结果如表6-9。根据模型⑯和模型⑰，命令型制度中，在经济发达地区标准规范（X_3）对家庭农场绿色生产的经济效应有显著的抑制影响，而在经济落后地区的标准规范（X_3）则会显著提升家庭农场绿色生产的经济效应，可以得出标准规范制度在经济发达地区和经济落后地区表现出明显的地区差异。命令型制度中行政监管制度（X_4）在经济发达地区和经济落后地区的回归结果一致，不存在地区差异。与东中西地区分组类似的是，激励型制度中的金融扶持（X_6）在经济落后地区的影响不显著，能力建设型制度中的基础设施建设（X_{11}）也在经济落后地区的影响不显著，可以得出激励型制度中的金融扶持制度和能力建设型制度中的基础设施建设制度表现出地区差异。引导型制度在经济发达地区和经济落后地区的回归结果一致，不存在地区差异。

我们发现，在经济强弱分组中，在经济落后地区命令型制度中的标准规范制度（X_3）对家庭农场绿色生产的经济效应并不具有显著作用。可能的原因是，虽然标准规范类制度会激发家庭农场绿色生产的积极性，但并不一定会由此而产生更加可观的经济效益[1]，由于经济落后地区无法为家庭农场绿色生产提供充足的资金和智力支持，会出现经济落后地区的标准规范制度无法对家庭农场绿色生产经济效应产生显著促进作用的情况。

无论是在东中西分组中，还是在经济发展水平分组中，激励型制度中金融扶持（X_6）均体现出地区差异，即东部、中部和经济发达地区的金融扶持制度对家庭农场绿色生产的经济效应有显著的促进作用，西部地区和经济落后地区的金融扶持制度对家庭农场绿色生产的经济效应影响不显著。可能的原因是，东部地区普遍社会经济发展程度较高，而西部地区普遍经济实力和财政实力较低，然而却基本涵盖了我国大多数的农业大省，故西部地区、经济落后地区相较于东部地区、经济发达地区往往要承担更多的金融扶持总额[2]，这样就会造成西部、经济落后地区难以满足家庭农场生产经营中所需的扶持力度，进而对其经济效益的影响不显著。由于中

---

[1] 陈德仙、黄中伟："制度环境三维度及其交互作用对家庭农场创业绩效的影响研究"，载《农业现代化研究》2018年第5期。

[2] 刘玮、孙丽兵、庾国柱："农业保险对农户收入的影响机制研究——基于有调节的中介效应"，载《农业技术经济》2022年第6期。

第6章 制度环境对家庭农场绿色生产经济效应的影响研究

部地区的经济水平整体要强于西部,且农业强省多集中于中部地区,比如河南、湖北、湖南、黑龙江等,家庭农场主要经济来源是生产经营性收入[1],而保险保障和信贷支持等金融扶持水平的提高将更大程度地提高农场的产值,故中部地区的金融扶持也会对家庭农场绿色生产的经济效应具有显著促进作用。

能力建设型制度中的教育培训(X_8)和科技创新制度(X_9)在西部地区对家庭农场绿色生产经济效应影响不显著,而东、中部地区的教育培训和科技创新制度均对家庭农场绿色生产经济效应产生显著的积极促进作用。造成这种差异的原因在于,西部地区经济发展程度相对较低,由此相应的教育培训以及科技创新投入的人才和资金均有限,故对其家庭农场绿色生产的经济效应影响不显著。而能力建设型制度中的基础设施建设制度(X_{11})在中、西部地区和经济落后地区对家庭农场绿色生产经济效应的影响均不显著,这应该是由于经济发展水平较弱的地区对基础设施建设的制度投入并不一定会同样带来高质量的基础设施水平导致,故影响不显著。

表6-9 制度内容分组检验(经济强弱)

变量	⑯ Y(强)	⑰ Y(弱)
X3	-0.012** (0.005)	0.007** (0.003)
X4	-0.071** (0.031)	-0.044** (0.021)

---

[1] 王克等:"农业保险保障水平的影响因素及提升策略",载《中国农村经济》2018年第7期。

续表

	⑯	⑰
X5	0.121*** (0.031)	0.069** (0.033)
X6	0.010** (0.004)	0.007 (0.006)
X7	0.018** (0.009)	0.010** (0.005)
X8	0.007*** (0.001)	0.002** (0.001)
X9	0.013*** (0.002)	0.006** (0.003)
X10	0.21 (0.015)	0.022 (0.016)
X11	0.006*** (0.002)	0.004 (0.003)
X12	0.085*** (0.067)	0.087** (0.070)
控制变量	已控制	已控制
N	75	70
F值	74.560	85.170
R^2	0.397	0.578

注：*，**，*** 分别表示在10%，5%，1%的水平上显著。

第 6 章 制度环境对家庭农场绿色生产经济效应的影响研究

6.6 小结

本章通过多元线性回归模型验证制度数量、制度强度和制度内容对于家庭农场绿色生产经济效应的影响，发现制度数量和制度强度对家庭农场经济效应有正向促进作用。命令型标准规范和行政监管制度对家庭农场绿色生产的经济效应产生负向影响，激励型示范农场、金融扶持以及财政补贴制度，能力建设型教育培训、科技创新和基础设施建设制度对家庭农场绿色生产的经济效应有正向影响。为了验证回归结果的稳健性，本章将三个直辖市样本剔除后再进行回归分析，发现结果依旧稳健。进一步将样本按照东部、中部和西部分组，发现制度数量和制度强度对地区家庭农场绿色生产的经济效应均有促进作用，而制度内容方面，地区差异较大。东中西地区分组中，东部和中部地区的回归结果基本一致，而西部地区则在激励型和能力建设型制度方面体现出差异；经济强弱分组中，在命令型、激励型和能力建设型制度方面，体现出经济发达地区与经济落后地区的差异。可见，无论是东中西地区分组还是经济强弱分组中，激励型中金融扶持制度和能力建设型中基础设施制度均体现出明显的地区差异。

第7章 优化我国家庭农场绿色生产制度环境的实现路径

论文遵循"制度供给——效应影响——制度优化"的逻辑框架,在梳理我国家庭农场绿色生产实践及制度供给现状,检视家庭农场绿色生产效应并发现制度存在的困境和不足,以及实证分析检验制度环境对家庭农场绿色生产生态效应和经济效应的影响基础上,本章将对全文主要研究结论做简要概括与总结,进而就优化家庭农场绿色生产制度环境的实现路径提出若干对策。

7.1 主要结论

第一,通过调查研究和制度文本量化分析方法对我国家庭农场绿色生产的实践现状、制度供给现状及制度效应进行梳理、检视,发现我国家庭农场绿色生产特征显著,但存在绿色生产水平不高和地区差异突出等问题;家庭农场绿色生产制度整体呈内容多元化的特点,包括政府命令型、市场激励型、能力建设型以及社会宣传引导型等制度类型,但家庭农场主体制度的缺失限制了家庭农场绿色生产制度的落实效果,加之家庭农场绿色生产制度存在规制强度不足、制度内容不均衡且制度间协同性较差等问题,导致现行制度环

第7章 优化我国家庭农场绿色生产制度环境的实现路径

境下家庭农场绿色生产的生态效应和经济效应增长缓慢且不稳定。因此，现有制度环境无法有效推动家庭农场绿色生产的发展，需要对其进行优化完善。

第二，通过制度变迁理论分析了制度环境对家庭农场绿色生产的影响机理与作用路径，得出家庭农场绿色生产要素投入及变化是制度环境对家庭农场绿色生产效应影响的内在动因。若现有制度环境的相关制度能够引起家庭农场绿色生产成本的降低或者收益的增加，实现绿色生产正外部性的内生化，增强家庭农场主绿色生产的行为意愿，从而刺激经营者调整生产要素投入规模或者投入结构，积极主动从事绿色生产行为。从成本收益的角度看，家庭农场主除了可以在不增加成本投入的前提下，通过优化要素结构提升技术效率；也会基于优质绿色农产品的收益预期来增加技术要素的投入，采纳更加先进的绿色生产技术，实现集约环保生产过程的同时增加优质绿色农产品的产出，从而提升生态效应。此外，在提升绿色生产水平和增加绿色优质农产品产出的基础上，农产品认证制度能够有效降低农产品信息的不对称，并满足消费者日益增强的食品安全认知及消费需求，有利于增强绿色农产品的增值溢价效果，进一步提升家庭农场绿色生产的经济效应。由此，良好的制度环境会提升家庭农场绿色生产的综合效应，反之则会抑制家庭农场绿色生产的效应。

第三，通过DEA方法对家庭农场绿色生产的生态效应进行测算，结果显示，全国各省份的家庭农场绿色生产的生态效应总体呈上升趋势；就区域角度而言，呈现东部较高、中部次之、西部较低的态势。2014~2018年的家庭农场绿色生产的生态效应的动态变化分析显示，5年间生态效应指数总体呈现波动性上升趋势，且技术效应的影响较为显著；就区域角度而言，我国各省份家庭农场绿色生产的生态效应增长均值呈东、中、西递进的态势。总体而言，技术效应和规模效应共同影响家庭农场绿色生产生态效应的增长，进一步通过对比分析发现，技术效应影响更加显著；就区域角度而言，不同地区技术效应和规模效应对综合生态效应的贡献程度也不同，西部地区技术进步的贡献显著，东部地区则规模发展的贡献显著。因此，提升家庭农场绿色生产生态效应的核心是提升技术进步的制度环境，同时重视不同地区发展特点的特殊制度需求。

第四，从制度形式维度，通过随机效应 Tobit 模型和多元线性回归模型分别对制度环境影响家庭农场绿色生产的生态效应和经济效应进行分析，得出以下结论。制度数量对家庭农场绿色生产的生态效应有抑制作用，而对家庭农场绿色生产的经济效应有促进作用；制度强度对家庭农场绿色生产的生态效应和经济效应均有正向的促进作用。异质性方面，制度数量对家庭农场绿色生产的生态效应有抑制影响，中东部显著，西部不显著，这种抑制效应对不同经济发展水平地区的影响也不同，在经济发展水平较高地区表现得较为明显，在经济发展水平较为缓慢或落后的地区则表现得并不明显；制度强度会在一定程度上推动家庭农场绿色生产的进一步发展，中东部地区显著，西部不显著。可见，制度数量的增加不一定对家庭农场绿色生产的发展产生促进作用，家庭农场绿色生产制度环境的优化重点更应放在制度强度的加强方面，这主要与制度强度的落地效果更好有关。此外，在优化家庭农场绿色生产的制度环境过程中，还要注重地区差异，尊重地区发展特点，尤其要关注西部、经济欠发达地区制度与当地生产实践的匹配度和契合度。

第五，从制度内容维度，通过随机效应 Tobit 模型和多元线性回归模型分别针对制度环境对家庭农场绿色生产的生态效应和经济效应的影响进行分析，得出以下结论：命令型制度中标准规范对家庭农场绿色生产的生态效应具有正向促进作用，对家庭农场绿色生产的经济效应的影响为负向，行政监管制度则对绿色生产的生态效

第 7 章 优化我国家庭农场绿色生产制度环境的实现路径

应和经济效应均有负向影响；激励型制度中示范农场、金融扶持和财政补贴制度均对家庭农场绿色生产的生态效应及其经济效应具有显著的促进作用；能力建设型制度中教育培训、科技创新制度均对家庭农场绿色生产的生态效应及其经济效应具有积极的促进作用，基础设施建设制度对家庭农场绿色生产的经济效应具有正向作用；引导型制度对家庭农场绿色生产的生态效应的影响为正向，对经济效应影响不显著。由此可见，激励型制度和能力建设型制度对家庭农场绿色生产发展的促进效果显著，优于命令型和引导型制度。地区差异方面，大多数激励型制度和能力建设型制度对家庭农场绿色生产的生态效应的影响表现为，中东部显著，西部不显著，经济发达地区显著，经济落后地区不显著。根据研究结论，我们应继续完善上述制度内容的供给，并且促进不同制度内容的供给结构优化，避免抑制家庭农场绿色生产效应的制度供给。同时，要结合地区差异、经济发展水平差异，针对不同地区，尤其西部、经济落后地区应采取有所区别的制度战略。

此外，家庭农场主特征、家庭农场经营特征以及社会、经济、科技发展水平等因素也对家庭农场绿色生产的生态效应和经济效应产生不同程度的影响。家庭农场绿色生产看似是农场的个体行为，但促进其发展实质上需要政府、市场、院校以及农场主等主体的共同努力，需要法律、政策以及其他制度形式协调配套的制度环境，需要命令型、激励型、能力建设型及引导型等制度内容的协同推进。因此，结合上述研究结论，提出优化我国家庭农场绿色生产制度环境的几点建议。

7.2 实现路径

党的十九大以来，在大力实施乡村振兴战略的背景下，国家对新型农业经营主体尤其是家庭农场以及农业绿色生产的发展高度重视，出台了一系列促进家庭农场及绿色生产的制度规范，家庭农场绿色生产初见成效。通过研究发现，我国家庭农场绿色生产的制度环境还存在若干问题，这些问题限制了我国家庭农场绿色生产以及农业的高质量发展。笔者针对现有制度环境对家庭农场绿色生产效应的影响进行分析，结合已有的研究成果，认为优化家庭农场绿色生产制度环境的实现路径主要有：一要加强家庭农场主体的制度供给，推进家庭农场立法，明确家庭农场主体的法律地位、准入规范及内部法律关系，从而提升家庭农场绿色生产制度的落实效果；二要加强家庭农场绿色生产的制度供给强度，全面完善家庭农场绿色生产的标准规范、财政扶持、金融扶持以及教育培训等在内的制度内容，并注重多元化制度内容的融合优化，发挥制度供给的整合效果；三要尊重地区发展差异，营造契合地区家庭农场绿色生产特点的制度环境。通过优化制度环境，推动我国家庭农场绿色生产的发展进程。

7.2.1 加强主体制度供给，落实家庭农场绿色生产制度效果

通过在中国裁判文书网搜索家庭农场民事纠纷的法律文书可以发现，裁判结果往往会因家庭农场法律地位的不同而存在差异。如在陈岗侵害植物新品种权纠纷案中，被告成岗家庭农场是家庭经营的个体工商户，成岗家庭农场的民事责任由被告陈岗、家庭农场经营者徐爱梅及农场登记的家庭成员陈德超连带承担（参见江苏省灌南县人民法院［2021］苏0724民初2069号民事判决书）。而在刘仁贵与四川省勇升东盛安装服务有限公司等建设工程合同纠纷案中，辰真家庭农场作为一家有限公司，则以该公司资产对债务承担责任（参见四川省梓潼县人民法院［2018］川0725民初1925号民事判决书）。这种司法怪象正是由家庭农场法律地位模糊导致的。故通过立法明确家庭农场的法律地位、权利义务及责任，是提升司

第 7 章 优化我国家庭农场绿色生产制度环境的实现路径

法公信力的必然要求。家庭农场的法律缺位使家庭农场经营者及其成员无法可依,合法权益难以得到有效保障。以山东某地区调研数据为例,土地权利不能得到保障的家庭农场主占 69.57%。家庭农场作为新型农业经营主体,理应享有土地承包经营权、生产经营自主权、获得政府扶持权、参加农会组织权等实体性权利。同时,为有效维护其合法权益,申诉权、获得法律援助等救济性权利也不可或缺。而上述权利的实现需要法律予以明确,故家庭农场立法是保障家庭农场合法权益的必要路径。家庭农场自提出以来,一直以政策性文件为发展导向,故其具有随政策变化而不断调整的阶段性发展特点。1983 年 8 月召开的全国农垦工作汇报会议明确提出"要在国营农场中兴办职工家庭农场"。此政策一经出台,不仅使职工家庭农场身份合法化,而且大大提高了农业生产效益。到了 20 世纪 90 年代,我国进入了城市化进程的高速发展时期,大量"农民工"进城务工,造成农业劳动力的减少,一定程度上导致农村土地撂荒以及全国粮食产量下降。为改善这种局面,2008 年党的十七届三中全会通过的《中共中央关于推进农村改革发展若干重大问题的决定》明确提出,可以在有条件的地方发展家庭农场。家庭农场在一系列政策支持下得到了较快发展,但对其相关理论研究和实践仍处于摸索阶段。直到 2013 年中央一号文件明确提出要培育家庭农场新型农业经营主体,各地才纷纷开始发展家庭农场的有益探索。但从实践来看,虽然政策性文件的指导在一定程度上能够推动家庭农场发展,但政策的时效性无法保障家庭农场的持续发展,只有针对家庭农场出台具有较强规范性和稳定性的法律法规,才能满足其持续发展的要求。

优化家庭农场绿色生产的制度环境,应加强家庭农场主体制度的供给。家庭农场主体制度包括家庭农场的法律地位、准入规范以及内部法律关系等方面的内容。家庭农场的法律地位直接决定了其市场主体地位，对其进行规模化、商品化绿色生产具有重要影响。处于何种市场主体地位决定了其融资能力，能否进行规模化的绿色生产，处于何种市场主体地位则决定其交易成本的高低，能否进行商品化的绿色生产经营，所以，明确家庭农场的法律地位至关重要。在明确家庭农场法律地位的基础上，准入规范必不可少，这不仅是家庭农场自身确认的依据，更是政府对家庭农场绿色生产精准扶持的标准，还是决定家庭农场绿色生产制度能否有效落实的重要因素。此外，明晰家庭农场内部法律关系有利于减少家庭农场内部纷争，实现家庭农场绿色生产的稳定发展。

作为家庭农场规模化经营的国家——俄罗斯，与我国的共同点是国土面积广阔，俄罗斯政府下发的《俄罗斯联邦农场法》为俄罗斯家庭农场的生存与发展奠定了坚实基础，为家庭农场的建立与经营提供了有效法律依据[1]，对俄罗斯家庭农场的规模化经营具有积极意义，2013年能够盈利的家庭农场基本上达到了99%，规模效益得到了较好体现[2]，这也为其进行绿色生产提供了坚实的基础条件。对我国家庭农场绿色生产的行业发展现状进行深入分析可以了解到，门槛制是在该行业内推广实施相关政策的基础条件，明确家庭农场在运营与发展过程中所必须遵守的政策法规。政府之所以利用政策条文对家庭农场进行限制，是为了能够更好地支持家庭农场的生产与经营[3]，因为制度的生态效应发挥需要建立在对家庭农场明确界定的基础之上，否则很难将相关制度有效落实。当前，我国并未就家庭农场的发展下发具有针对性的法律条文，现有的地方性法规也仅有《上海市促进家庭农场发展条例》。因此，家

---

[1] 肖鹏、裴少莹："俄罗斯家庭农场法律制度研究"，载《世界农业》2016年第3期。

[2] 郭家栋："中国家庭农场发展研究"，上海社会科学院2017年博士学位论文。

[3] 曹兴权："走出家庭农场法律地位界定的困境"，载《中共浙江省委党校学报》2015年第1期。

庭农场立法,是促进家庭农场绿色生产的主体制度基础。推进家庭农场立法,应将立法重点放置在行业准入规范等与家庭农场绿色生产关联性较大的问题上。

(1) 确立一般法律规则:界定家庭农场的法律地位

法律地位是法律条文发挥其应有效用的重要条件,同时也是法律内容的重要组成部分,必须明确界定。当前,我国专家学者对家庭农场的法律主体的确定存有诸多观点,笔者较为认同的观点是家庭农场属于非法人组织。根据 2018 年我国家庭农场的工商登记情况,在有效监测样本中,80.98%的农场进行了注册登记,其中通过个人独资的方式创办企业与通过与他人合伙方式创办企业的家庭农场总数占比为 34.57%[1],上述两种企业民事法律地位相同,都属于非法人组织。从合规性角度出发,对这两种企业进行分析可以发现,不论是个人独资企业还是合伙企业都具备成为家庭农场组织的条件,这是因为个人独资企业若选择家庭经营模式同样符合《个人独资企业法》的规定;一些家庭在注册登记创办家庭农场时将家庭成员登记为合作伙伴,这种与家庭成员合作共创家庭农场的企业模式是符合《合伙企业法》的要求的。因此,在创办家庭农场时,创办者可自由选择企业的运营模式,但与合伙企业相比,个人独资企业的经营模式在家庭农场的发展过程中会对其产生较大限制。这种限制产生的原因有以下两点:一是个人独资企业创始人创办企业的资金来源于个人或家庭,这意味着创始人创办企业的资金十分有限,但家庭农场想要获得利润必须具有一定的发展规模,规模的扩大会消耗创始人大量资金,一旦资金无法支持家庭农场规模扩大会造成企业发展受损,甚至出现难以收回前期投入资金的情况;二是家庭农场的发展受生态环境的影响极大,如今的自然生态环境已经

---

[1] 农业农村部政策与改革司、中国社会科学院农村发展研究所编著:《中国家庭农场发展报告(2019 年)》,中国社会科学出版社 2019 年版。

遭到了较大程度的破坏，对家庭农场的发展较为不利，因此家庭农场在发展过程中势必要承受极大的风险。一旦家庭农场无法依照合同按时交付时，必将承受高额的违约赔偿。与个人独资企业相比，合伙企业的经营模式对家庭农场的发展是较为有利的，主要原因有以下两点：

一是合伙企业的特质与当前家庭农场的发展现状是相符合的。我国不同地区拥有不同的环境特色，自然条件也存在极大的差异，这意味着不同地区的家庭农场规模将存在较大的差异性，一些农场依托环境优势不断扩大自身经营规模，经过多年发展农场规模甚至达到了上千亩。此时的家庭农场仅依靠个人很难完成管理工作，合伙企业中企业的合伙人在自主经营的基础上，可以对外聘请更多的劳动工作者前往农场工作，确保家庭农场的发展不受劳动力不足的限制。由此可见，与个人独资企业相比，合伙企业能够更好地满足家庭农场的发展需求。除此之外，与个人独资企业相比，合伙企业的运行手续也较为简洁，创始人可以在最短时间内办理合伙企业的运行手续，相关部门在最低出资额与组织机构方面也未对其做出限定，经营者在经营家庭农场时将拥有较大自由。

二是合伙企业的特质与家庭农场的长远发展需求相符合。随着科技的不断进步与发展，已有的大规模家庭农场将逐渐走向现代化生产的道路。这对大规模家庭农场来说是未来发展的必经之路，但这种发展的基础必定是家庭经营。从20世纪起，工业资本不断对农业领域进行渗透，很多农业领域内的企业在被工业资本渗透的过程中扩大了企业规模的同时也失去了企业的经营权利，有限合伙可以在有效避免这种情况出现的同时助力企业将家庭经营的内核保留下来。有限合伙与普通合伙具有相同的人合特点，同时还具备公司中资合的特征，体现了有限责任与无限责任的有机融合。此外，在有限合伙企业中，管理权不会移交，只有普通合伙人才有资格获

第 7 章 优化我国家庭农场绿色生产制度环境的实现路径

得,因此能够在外部资金进入企业时,有效保障企业管理者对企业的控制权。

(2) 制定特殊规范:厘清家庭农场的内部法律关系

现如今,家庭农场内部的法律关系并不清晰,当家庭农场内部出现法律纠纷时,没有明确依据对其进行合理判断,因此厘清家庭农场内部法律关系对农场发展十分重要。厘清家庭农场内部法律关系可从以下两方面进行:

一方面是明确家庭农场的成员与雇员之间的法律关系。在厘清二者之间法律关系之前,必须要明确何为农场的家庭成员以及农场的家庭成员具有哪些特质。对家庭农场的发展历程与发展现状进行分析可以发现,家庭农场多具有以下两个特征,即农场的主要劳动力来源为家庭成员与农场经营规模适度。家庭农场在经营过程中以家庭成员作为主要劳动力来完成日常的生产与经营,这些家庭成员数量较多,且都具有一定的农业生产能力。所以,家庭农场中的家庭成员不应受到传统家庭成员定义的限制,而是应将其外扩为与家庭农场经营者具有血缘关系、配偶关系以及姻亲关系的人员。这些人员彼此之间拥有极高的人身亲密性,可以有效降低企业的生产成本,在家庭农场需要扩大规模时为其提供有效的资金支持,对家庭农场的长久发展极为有利。家庭农场的性质为合伙企业,属于非法人组织,可基于此将家庭农场中的成员定性为合伙企业中的普通合伙人,通过合伙协议来保障自身权益。可依据雇员工作周期的长短将家庭农场的雇员分为长期雇员与短期雇员两种。长期雇员与家庭农场之间签有劳动合同,二者之间为劳动关系,受《劳动合同法》保护;而短期雇员往往不会与家庭农场签订劳动合同,当家庭农场在农忙时节或生产经营活动过于繁忙时会向外聘请短期雇员,雇员仅在这一周期内付出劳动、收获报酬,因此通常不会受到家庭农场针对雇员制定出的管理规定的限制,也不会与长期雇员享受同样的福利待遇。由此，可将短期雇员与家庭农场之间的关系定性为劳务关系，受《民法典》等相关民事法律法规的调整。

另一方面是明确家庭农场财产与家庭财产之间的法律关系。一些家庭农场在经营过程中没有将家庭农场的财产与家庭财产进行分割，往往会因为财产混乱而出现诸多矛盾，在一定程度上制约了家庭农场的发展。针对这一现象，可依据事情发展阶段的不同而采取不同针对措施，即在事件发生前对二者进行区分，明确区分原则；在事件发生时加大对事件的管控力度；在事件发生后坚持宽松保障原则。创建家庭农场时，在筹备阶段与注册登记阶段都必须明确财产来源与归属，要明确家庭成员为创立家庭农场而付出的资金应属于家庭农场的财产。土地是家庭农场创建的必备生产要素，是家庭农场创建与发展的基础条件，因此可将家庭成员为助力家庭农场成功创建而付出的土地资源看作家庭成员的出资，将其纳入家庭农场财产中。《民法典》对这一行为也给予了高度肯定。除了要在创办家庭农场时做到账目清晰以外，在经营家庭农场的过程中也要依法进行财务核算，避免出现财产混同的现象，监管机构可对家庭农场的经营与生产进行动态监管。家庭农场为提高自身竞争力、提高自身利润空间，通常会与合作方签订诸多合同，如农产品购买合同等。农产品的顺利销售离不开销售渠道，因此家庭农场为确保自身生产的农产品可以顺利销售，通常会在产品生产工作结束前与合作方签订销售合同，此时的家庭农场将拥有合同债权。监管机构对家庭农场的监管可以有效降低家庭农场合同债权与财产混同情况的出现几率。当农场的经营出现问题难以为继时，应从最低保障角度出发对已经混同的财产宽松处理。对已经出现混同的财产进行处理，先要做的是明确财产性质，即确认哪些财产属于家庭农场财产，哪些财产属于家庭财产，而后依据签订的合伙协议来对混同财产进行分割。家庭农场虽然属于合伙企业，但因其经营主体的特殊性，大

第7章 优化我国家庭农场绿色生产制度环境的实现路径

大增加了相关部门的资产审核难度,同时也降低了家庭农场承受金融风险的能力。所以当家庭农场出现资不抵债的情况时,若没有明确证据证明现有财产为混同财产,一般不将其算作破产财产。

(3) 吸收政策规定:明确家庭农场的准入法律规范

现如今我国在法律层面上并未针对家庭农场行业的发展情况制定相关的准入规范,但从一些政策性文件中可以进一步了解到家庭农场的创设条件。因此可在一定程度上将现有的政策规范性文件中提到的家庭农场准入规范作为法律依据,对家庭农场的准入行为进行限制,推动家庭农场的进一步发展。政策性文件中的相关规范具有较强的针对性,对政府扶持措施的落实与推进工作具有极大的积极作用。现有的家庭农场市场准入制度主要分为以下两个部分,即设立原则与认定标准。

在设立原则方面,2019年农业农村部下发《关于实施家庭农场培育计划的指导意见》,对现有的家庭农场注册登记服务提出了进一步要求,要对已有程序进行简化的同时提高服务质量。为进一步推动家庭农场行业的发展,农业农村部结合家庭农场的发展现状制定并正式下发了《新型农业经营主体和服务主体高质量发展规划(2020—2022年)》,明确了家庭农场名录管理制度的完善要求。为保证家庭农场名录管理制度的落地见效,农业农村部制定并下发了《关于做好2020年全国家庭农场名录系统信息填报等相关工作的通知》,规定了完善家庭农场名录管理制度的具体要求及做法,明确纳入家庭农场目录管理的主体包括已进行市场监管注册登记的家庭农场以及符合一定要求的种养大户和专业大户等其他规模农业经营户。家庭农场名录管理的核心工作是梳理已在市场监管部门完成注册的家庭农场,家庭农场的注册登记工作,对于名录管理是十分重要的。家庭农场在完成注册后,可以获得相应的经营资格与法律资格,监管部门可据此对其进行监管。由此可见,注册制是政府管理家庭农场的基础，对家庭农场的发展也较为有利。与核准制相比，注册制对家庭农场的制约条件更少，大大降低了家庭农场的市场准入难度；同时，通过注册制申请即可设立，不需要相关部门予以审批，这样在节约时间和资源的同时，也能够降低审批人员出现徇私舞弊行为的几率，可以在一定程度上提高家庭农场经营者注册的积极性。因此针对家庭农场应采取注册制，家庭农场的创设者在创设家庭农场时，可向当地的市场监管部门申请完成注册登记工作。

  2013年农业部制定并下发了《关于开展家庭农场调查工作的通知》，该通知中明确了家庭农场在成立时需具备以主要劳动力为家庭成员等基本要素。从这些基本要素中可以看出我国家庭农场的运营特点，可据此将其与其他种类的农业经营主体区别开，所以在制定家庭农场的认定规则时应以此为依据。从经营主体角度出发，部分地方将家庭农场经营主体限定为拥有农村户口的居民，一般包括本村集体组织的成员和具有本村土地承包经营权的其他集体组织成员，这一点从《重庆市农业委员会关于培育发展家庭农场的指导性意见》中可以清晰地了解到。加大对家庭农场主户籍的限制，对拉动农村经济、实现社会协调发展具有较大的积极作用。虽然对家庭农场经营者的户籍进行限制拉动了农村经济的发展，但也在一定程度上限制了家庭农场的发展，不利于家庭农场扩大经营规模。为此，农业部制定并下发了《关于促进家庭农场发展的指导意见》(2014)，该意见指出长期在农业生产领域的人员与具有农村户籍的集体组织人员可获得家庭农场的经营资格。所以为推动家庭农场的进一步发展，不应在立法时对家庭农场主的户籍进行过于严苛的限制。2018年中央制定并下发了《关于实施家庭农场培育计划的指导意见》，该意见指出家庭农场中的主要劳动力应来源于家庭成员。除中央下发的指导意见外，一些地方政策性文件中同样对家庭农场

第7章　优化我国家庭农场绿色生产制度环境的实现路径

的劳动力来源提出了明确要求。如《安徽省示范性家庭农场认定办法》（2017年）提出主要劳动力来源于家庭成员是家庭农场区别于其他产业机构的一大特点，《宁夏回族自治区关于促进家庭农场发展的指导意见》（2013年）在对家庭农场进行定义时同样明确指出家庭成员是家庭农场的主要劳动力来源，《山东省家庭农场登记管理办法》（2016年）在对省内家庭农场进行管理时明确规定，家庭农场的主要劳动力来源必须为家庭成员，生产经营者同样应具有家庭成员的身份。由此可见，中央与地方在家庭农场的劳动力来源上的观点与要求高度一致。为进一步推动家庭农场行业的发展，农业部于2014年制定并下发了《关于促进家庭农场发展的指导意见》，该意见中明确指出各地区政府要对家庭农场进行引导，确保其经营规模的合理性。合理的种养规模是家庭农场获得收益的基础条件，当家庭农场的生产能力与经营能力可以与种养规模相匹配时家庭农场会获得较高的利润空间，此时，家庭农场所获得的效益被称为最佳规模效益。2014年农业部制定并下发了《关于促进家庭农场发展的指导意见》，该意见中对家庭农场的经营范围作出了明确要求；2018年再次下发《关于实施家庭农场培育计划的指导意见》，该意见指出，各地政府在培育家庭农场过程中，必须以市场为导向、以环境为依托对家庭农场的发展进行合理引导。对我国家庭农场的发展历程与发展现状进行分析后，可从经营范围这一角度出发将家庭农场分为以下三种，即单一型、混合型和多功能型。从国家经济发展的角度去衡量这三种家庭农场在我国经济发展过程中所起到的作用可知，三种经营模式的家庭农场同时发展，对我国经济发展所起到的积极作用是最大的。由此可见，家庭农场在实际经营过程中不必将经营范围局限在农产品中，但须以农产品为主。综合以上分析可明确家庭农场认定标准，即家庭农场的经营者应为农民或在农业领域长期工作的人员，家庭农场的主要劳动力来源应为家庭成员，其经营范围应以农产品为主、其他产品为辅,且经营规模与其现有的生产能力、经营能力具有较高的符合度。

(4) 家庭农场立法的相关法规对接问题

在家庭农场的立法过程中,需要注意与其他部门相关法律的对接,这不仅是为了避免与已有法律的冲突及矛盾,也是为家庭农场立法提供基础法律依据。另外,家庭农场立法还应注意与土地经营权流转制度规定的对接。土地经营权流转制度是解决家庭农场诸多法律问题的重要前提,更是家庭农场健康发展的重要保证。

首先,家庭农场立法与民商事法律的对接问题。其一,与《民法典》的对接。厘清家庭农场立法中成员与雇员的法律关系以及家庭农场的准入规范都涉及"家庭成员"的概念,根据上文中对家庭农场家庭成员的界定,其所指的应为广义的家庭成员,即因婚姻关系而产生亲戚关系的成员,除近亲属外,还囊括了亲缘关系比较疏远的亲属,如妯娌、连襟等。而现行《民法典》中的家庭成员则为配偶、父母、子女和其他共同生活的近亲属,此为狭义的家庭成员,即因婚姻关系而同住的、同一户口的成员。因此,家庭农场中的家庭成员与现行《民法典》中家庭成员的含义并不一致,为了使家庭农场立法与《民法典》的规定相对接,建议在《民法典》的后续司法解释中增加家庭成员的广义解释规则,从而为家庭农场的认定标准提供基础法律依据。具体解释规则可表述为:家庭成员为配偶、父母、子女和其他共同生活的近亲属,但在特定农业生产经营主体中家庭成员可为因婚姻关系而产生亲戚关系的成员。其二,与《合伙企业法》的对接。由于家庭农场的家庭经营特点,使其成为具有亲缘关系和共同利益的紧密联合体,从而其经营效率大大高于公司经营和小农经营,从家庭农场发展现状和未来趋势的需求来看,合伙企业是家庭农场的适合组织形式。而家庭农场相较于一般的合伙企业具有一定的特殊性,如家庭农场的经营方式为家庭经营,经营范围以农业为主,等等。为了使家庭农场与一般的合伙企业相区分,并突出家庭农场特殊性,建议将家庭农场归为特殊的普通合伙企业。《合伙企业法》第 55 条规定,特殊的普通合伙企业指的是专业服务机构,如律师事务所和会计师事务所等,这些机构的经营方式、经营范围与普通的合伙企业相区别,这与家庭农场的特殊性高度相似。《合伙企业法》第 59 条规定特殊的普通合伙企业需要建立职业风险基金和职业保险,而家庭农场较高的生产经营风险和较弱的抵御风险能力也同样需要建立相应的风险基金。故特殊的普通合伙企业能够满足家庭农场经营的特殊性,并且有利于家庭农场的稳定和有序发展。因此,建议在《合伙企业法》特殊的普通合伙企业中加入家庭农场这一经营主体的相关表述。

其次,家庭农场立法与经济法律的对接问题。其一,家庭农场立法与经济法的对接。家庭农场立法的主要目的是保障和促进家庭农场的发展,故家庭农场的立法内容除家庭农场主体性相关规范外,还应有保障、扶持、服务家庭农场发展等规范性促进措施,此类规范即为经济法性质的法律规范。因此,家庭农场也是经济法的主体。上文中对家庭农场作为民商事主体的法律地位进行了界定,即非法人组织中的合伙企业,那么家庭农场作为经济法主体的法律地位也应进行界定。经济法律关系主体中包含了经济管理主体和经济活动主体,显然,家庭农场作为经济活动主体符合法律要求。现有的经济活动主体主要有各类企业、个体经营者、承包或租赁企业的个人等,也就是说现有经济活动主体为各类企业和经营性个体。基于家庭农场的经营范围主要为农业,那么家庭农场在经济法中的法律地位应当界定为经济活动主体中的农业企业。因此,在家庭农场立法中,应明确规定家庭农场属于农业企业。其二,与《农民专业合作社法》的对接。相较于小农户,家庭农场能在更好地完成订单农业的同时,实现降低成本与提高生产技术的目标,故家庭农场在农民专业合作社组建和运营中往往发挥核心带头作用。但由于投资主体、投资类型以及投资份额的多元化,合作社的人格化产权不易形成,加之不断增加的社员数量以及日趋复杂的社员结构,产权就变得愈加模糊。为了避免家庭农场与农民专业合作社的财产混同,应在《农民专业合作社法》中明确规定合作社要采取有效措施来明确界定社员的资格,具体表现为向每位社员严格发放社员证、股金证。经注册登记的家庭农场都有自己的名称,可以在社员名册中予以记载,故家庭农场可以持有社员证、股金证,进而享有合法的股东权益。由此,入股的家庭农场财产转化为合作社的财产,而家庭农场则享有合作社的股权。因此,在家庭农场立法中,也应明确家庭农场财产入股农民专业合作社后,该财产即转化为合作社的股权。

最后,家庭农场立法与土地经营权流转制度规定的对接问题。具体而言,家庭农场立法与土地经营权流转制度规定的对接,应体现在以下三点:其一,土地确权是完善土地经营权流转制度的第一步,也是推进农业现代化和深化农村全面改革的逻辑起点。通过农地确权明晰土地权属,能够推动农村土地制度的深化改革,也有助于"三权分置"制度的贯彻落实。家庭农场立法中可规定:经农地确权明晰权属的土地经营权可以作为家庭农场的财产。其二,家庭农场退出时,土地经营权流转的衔接是关键。建议具体衔接规则为:若土地承包期已到,那么由农村集体组织收回;若土地承包期未到,那么原来的土地承包户可以继续自己承包经营,也可以通过协商交易将土地交由经济效益较好的家庭农场继续经营,从而提高土地的利用率。其三,家庭农场破产时,土地经营权能否作为农场破产财产的问题。这要分两种情况进行具体讨论:一种是经土地流转取得的土地经营权无法作为家庭农场的破产财产。经土地流转取得的土地经营权,该权利应归属为债权,这是由于原则上"一物一权",作为"一物"的土地,该标的上已经赋予了土地承包经营权这一用益物权,故不宜再赋予该标的具有其他物权性质的权利。根据《企业破产法》第38条的规定,若债务人占有的财产不属于自己,该财产的权利人是可以收回的。因此,经土地流转获得的土地经营权因其债权性质而无法作为家庭农场的破产财产。另一种是农民自身拥有的土地承包经营权不宜作为家庭农场的破产财产。根据《民法典》的规定,土地承包经营权为用益物权,当用益物权作为家庭农场的出资时,其也就作为家庭农场的财产,应作为破产财产。然而,在我国现阶段,农村土地是农民的基本生产资料,是农民最主要、最可靠的生活保障,一旦将其作为家庭农场的破产财产,那么农民的基本生活将无法保障。因此,为了保障农民的基本生产资料稳定和维护乡村的秩序稳定,家庭农场立法时可规定:债权人不得将土地承包经营权作为家庭农场的破产财产进行处分。这是保障农民的基本权利,维护农民根本利益所在。

7.2.2 提升制度供给强度,完善家庭农场绿色生产制度内容

通过实证分析不难发现,不同强度的制度对家庭农场绿色生产效应的影响不同。虽然关于家庭农场绿色生产的政策性规范文件不在少数,但政策的系统性、稳定性和可操作性与法律是无法比拟的。

回顾和分析家庭农场绿色生产较为成熟国家的实践历程,发现其具有一个显著的共性特点,那就是坚持依法治理,通过法律法规的规范推动农业绿色转型和发展,同时利用政策工具及手段来保证相关法律法规的落地落实。作为世界发展强国、以发展大中型农场为主的国家——美国,在19世纪末通过大量使用化肥、农药等化学投入品,农业得到高速发展的同时,也导致了农业自身及生态环境的双重危机。20世纪初便开始转型绿色生产,美国的农业绿色生产经历了启蒙——发展——成熟三个阶段,在第二个和第三个阶段,美国都充分运用法律手段促进农业绿色生产的发展。在第二阶段中,美国为推动农业绿色生产行业的发展先后制定并下达了《农

产品贸易发展和援助法》《粮食安全法》等法律条文，为该行业提供良好的发展环境[1]。第三个阶段作为美国农业绿色生产的成熟及突破阶段，2002年其政府出台《2002年农场安全与农村投资法案》，提出农业绿色生产支持措施，即实施生态保护补贴计划。作为拥有生态农业发展传统、以发展小型农场为主的东亚国家——日本，它不同于美国，没有出现"两高"现象，即高投入与高污染，美国这种发展模式对环境损害极大，难以长久进行。日本的农业绿色生产在二战后共经历了三个发展阶段，第一阶段为基础恢复阶段，第二阶段为技术提升阶段，第三阶段则为和谐共进阶段。在第一个和第三个时期，日本都运用法律工具来推动农业绿色生产的发展。在第一个阶段的1952年，日本出台《农地法》，明确了土地小规模家庭经营的合法性，这不仅使农业生产对环境的破坏程度进一步降低，也加快了农业基础设施的建设步伐，为日本农业绿色生产发展行业的快速发展奠定了坚实基础。第三个时期，为进一步推动农业绿色生产行业的发展，日本制定并下发了《食物、农业、农村基本法》来为该行业营造更好的生存环境，后又下发《新的粮食、农业和农村的发展方向》文件，提出"绿色观光农业"，对法律的落实进行支撑。该文件的主要目的是确保食品的稳定供给，通过发展农业绿色生产行业来进一步保护自然环境，推动农业发展的同时带动农村经济[2]。总结国外家庭农场绿色生产的成功经验，发现通过制定法律来提升家庭农场绿色生产的制度强度，有助于实现农业绿色生产发展的目标。

因此，优化我国家庭农场绿色生产制度环境，需要加强制度强度，包括制定相关法律以及提升政策文件的强度。

---

〔1〕冯丹萌、王欧：" 发达国家农业绿色发展的政策演进及启示"，载《农村工作通讯》2019年第4期。

〔2〕马晓河："新形势下的粮食安全问题"，载《世界农业》2016年第8期。

第7章　优化我国家庭农场绿色生产制度环境的实现路径

在提升家庭农场绿色生产制度强度的基础上，还要全面完善家庭农场绿色生产制度供给的内容，并注重制度内容之间的融合[1]。毫无疑问，近年来农业部门逐步实施的示范农场制度、财政补贴制度、有机肥替代化肥、农膜回收、秸秆处理等政策都是促进绿色生产的。但从整体来看，这些政策措施需要一个良好的制度环境，需要全面完善命令型、激励型、能力建设型及引导型等制度类型，包括生产规范制度、财政扶持制度、金融扶持制度以及教育培训制度等在内的内容。同时，在全面完善家庭农场绿色生产制度的基础上，需要注重制度内容之间的配合与相融，打破各自孤立的状态，促进各制度之间、各主体之间的资源整合以及制度生态效应的充分发挥，优化家庭农场绿色生产的制度环境。具体逻辑关系如图 7-1 所示。

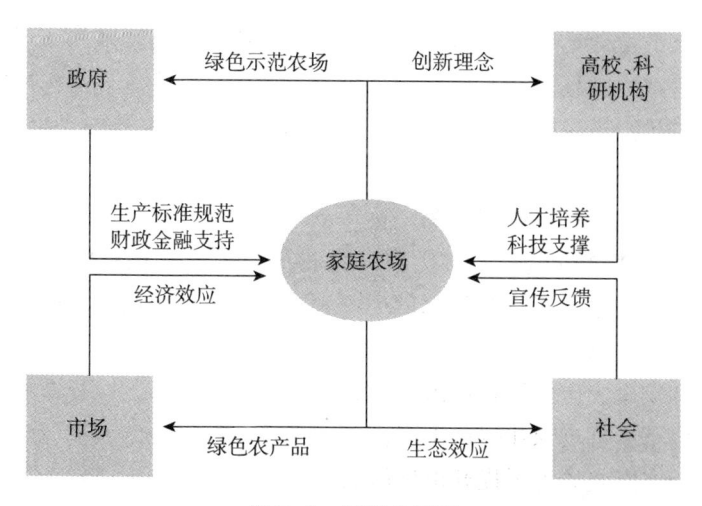

图 7-1　逻辑关系图

---

[1] 伍开群："制度变迁：从家庭承包到家庭农场"，载《当代经济研究》2014 年第 1 期。

(1) 命令型制度方面

第一，建立适用于家庭农场绿色生产的标准制度。推进家庭农场绿色生产，首先需要摒弃追求高产的评价标准，之后建立符合农业绿色生产价值的新规范、新标准[1]，由此家庭农场绿色生产规范性制度对家庭农场绿色生产效应产生促进作用。参考国外农业绿色生产制度，许多国家都已经出台了绿色农业生产标准的规定。德国在《欧洲有机法案》的基础上，根据国内实际情况制定了绿色有机食品标准，该标准中明确规定了绿色食品各种生产资料的使用、原料的使用等环节，都给出了具体的标准。同样，日本在2000年4月也规定了有机农业的行业标准，同时还配套出台了有机农产品精深加工标准规范[2]。而绿色生产规范标准并不是一成不变的，作为制度应随着经济社会发展的变化而做出调整，只有根据经济社会发展的变化适时作出修改调整，方能有效落实制度效果。在制定和完善家庭农场绿色生产规范标准的同时，还要注重规范标准的传播和宣传，通过传统媒体以及现代媒介及时将规范标准予以公示，才能切实发挥出其制度效果。

第二，积极推进"三品一标"农产品认证制度。消费者对食品安全的关注日益增强，对优质绿色农产品的需求也日渐强烈，因此，经由国家专业机构认证的"三品一标"农产品定会备受青睐。"三品一标"的特征标识可以帮助终端消费者直观的分辨农产品的质量和安全，由此可以推出明确的农产品认证制度，以规范和促进农场经营者推进农业绿色生产，形成良性循环。与之相比，未进行认证的家庭农场为了提升市场份额，亦会约束自身生产行为，积极

---

[1] 陈卫平："乡村振兴战略背景下农户生产绿色转型的制度约束与政策建议——基于47位常规生产农户的深度访谈"，载《探索》2018年第3期。

[2] 陈昊："农民绿色发展理论与二十一世纪国外绿色农业发展实践研究"，载《建国70周年与人的发展经济学——2019年中国·人的发展经济学学会学术会议论文集》，2019年。

第7章　优化我国家庭农场绿色生产制度环境的实现路径

申请认证，提升绿色生产水平。认证标准是产品质量是否可靠、企业品牌是否可信、消费市场是否认可的关键。因此，在生产信息高度不对称的农产品消费市场中，标准的认证体系对绿色生态产品来说，是保证生态农产品能否顺利完成从生产到流通过程，完成实物补偿和价值补偿，实现可持续发展的身份证。

国外许多发达国家也采取了认证制度来推动农业绿色生产的发展。美国的有机农产品认证机构出台了一项有机农产品认证标准：为保证在执行有机栽培时符合有机计划，认证前的土地上的有机农产品需要连续3年停止使用禁用物质栽培；有机农产品生产经营者在申请发照时，应当向有机农产品认证机构提交有机农作物生产计划，经营者需在计划中详细叙述怎样在不施肥的情况下确保土壤肥力等与农产品生产有关的全部经过；同时，农产品生产经营者需记录5年的所有栽培过程。因此，政府相关部门应重点优先就农产品的认证作出部署安排及有效落实。同时还应加大对农产品"三品一标"认证的补贴力度。一是可以通过政府采购支持该类产品的销售。在绿色农产品发展的市场初期，销售渠道的畅通能够有效提升家庭农场绿色生产的积极性，比如为畅通绿色农产品销售渠道可采取公共订单的方式，由政府机关、学校、医院等其他公共性质的单位进行统一下单采购[1]。二是对绿色生产的农场进行直接物质补贴，从而使其绿色生产成本内生化，来提高利润空间。

（2）激励型制度方面

第一，完善家庭农场绿色生产的财政补贴制度。有研究表明，政府补贴对绿色生产行为有积极影响，[2] 国外发达国家的发展经

---

[1] FRINSON Emile, 从单一性到多样化：从工业化农业模式向多样化的生态农业转换 [EB/OL], (2016-12-12), https://www.ipes-food.org.

[2] DorisLäpple, "Comparing Attitudes and Characteristics of Organic, Former Organic and Conventional Farmers: Evidence from Ireland", Renewable Agriculture and Food Systems, 4 (2013).

验也证实了这一点。瑞士政府与芬兰政府对使用绿色生产模式生产农产品的农民给予一定补贴,借此提高农民使用绿色生产模式的积极性[1],美国与欧盟同样利用财政补贴的方式来增加使用绿色农业模式生产的农民的利润。2002年美国就已经出台了《农场安全及农村投资法》,该法案明确了十个方面的补贴内容,为促进农业绿色生产,仅生态保护补贴一项就占到了总补贴的30%;德国更是从生产、营销和绿色生态农业合作社三个方面进行了全方位的财政补贴;同样,日本也规定了政府补贴措施,其农林水产省明确,银行可以为合格的环保型农户提供贷款时间最长可达12年的额度不等的无息贷款,同时在农业基础设施建设上,政府或行业协会可以为其提供50%的资金支持[2]。由此可以看出,为激励农业进行绿色生产转型,不仅要让实施绿色生产的农场优先于传统农场得到扶持,还需要政府支出更多的财政资金予以支持。值得注意的是,在提高补贴金额的同时,更重要的是提高补贴效率。对于家庭农场主来说,作为经济理性人及生产经营者,经济效应的最大化是重要目标。因此,对家庭农场绿色生产的财政补贴需要紧紧围绕"绿色",只有坚持绿色生产导向的补贴才能有效激励家庭农场进行绿色生产。

家庭农场绿色生产的财政补贴制度可从以下方面进行完善:首先,明确政府财政补贴的对象为进行农业绿色生产的家庭农场,即针对家庭农场的绿色生产行为提供相应的物质补贴,具体可对财政补贴的用途进行监管,采购农业生产过程中所必须的设备等行为都

---

[1] LuanneLohr, Lennart Salomonsson, "Conversion Subsidies for Organic Production: Results from Sweden and Lessons for the United States", Agricultural Economics, 2 (2000).

DorisLäpple, "Adoption and Abandonment of Organic Farming: An Empirical Investigation of the Irish Drystock Sector", Journal of Agricultural Economics, 3 (2010).

[2] 姜达炳:"日本生态农业考察的启示",载《农业环境与发展》2002年第4期。

第 7 章　优化我国家庭农场绿色生产制度环境的实现路径

处于监管范围内。这样做可以最大程度上确保农业补贴发挥其应有效用，以此来激励家庭农场从事农业绿色生产，促进家庭农场绿色生产的发展[1]。其次，财政补贴力度需增强。相较于普通化学投入品的成本，从事绿色生产投入的有机肥料、生物农药以及采用的绿色生产技术等均为高成本，而激励家庭农场经营者进行农业绿色生产的重要方式就是通过增加补贴金额来降低其绿色生产成本。最后，可予以适当物质奖励。对绿色生产行为表现良好的家庭农场，还可在之前补贴的基础上给予奖励，突出标杆示范引领作用，带动其他农业生产者跟进效仿，营造农业绿色生产的良好社会氛围。除此之外，要针对不同地区、不同规模、不同主营业务的家庭农场，出台更为贴合其发展需求的补贴政策。

第一，完善家庭农场绿色生产的金融扶持制度。其一，创新农村合作金融机构服务模式。相较于其他金融机构，农村合作金融机构具有服务于家庭农场等农业经营主体的动力和优势，可以对政策性金融起到补充作用。合作金融机构的主营业务区在农村，能够依据当地的实际发展情况，为农民提供合理的资金支持。当前，国内以村镇银行为代表的新型农村金融组织为农村发展提供了良好的资金支持，但其在金融产品与服务方式上仍有待进一步完善。其二，创新农业保险产品和服务。一方面，完善农业保险服务内容，通过对农业生产各个环节进行综合服务，使农业生产得到全流程的系统保障；另一方面，创新农业保险产品，通过新设绿色农产品保险、绿色生产技术保险，或者将已有保险险种与信贷服务相融合，不仅可以发挥农业保险的保障作用，也能够加强家庭农场绿色生产的融资能力，满足家庭农场绿色生产的资金需求。

此外，促进农业绿色发展和提高农业现代化水平，就必须推进

---

[1] 武焱、马跃进：“家庭农场对农民收入的影响——基于省际数据的估计”，载《经济问题》2021 年第 4 期。

农业保险高质量发展,而构建规范高效的运行机制又是农业保险高质量发展的基础,可以通过构建大灾风险分散机制来增强应对大灾冲击的能力,确保分摊损失、分散风险,进而保证农业保险经营的可持续性[1]。通过加大对农业保险的补贴力度提高保险公司的利润,使农场主有更高的积极性去了解并购买农业保险,使农业保险在农场绿色生产过程中真正起到保驾护航的作用;为进一步提高农业保险的投保率,政府可在落实农业扶持政策时,将这些政策与农业保险相关联。对现有的保险模式进行创新,通过政府与保险联办共保的方法,增加农场主对农业保险的信任度,利用保险杠杆效应获得更多的社会资源,带动当地经济发展的同时,增加财政资金使用效率。农业期货是家庭农场实现绿色生产的重要因素,对家庭农场的绿色生产发展起到了极大的积极作用。2019年"新型粮食银行"试点落户东北,对原有的服务模式进行了创新,初步形成了以"新型粮食银行"为核心的服务模式,大大提高了参与方的利润空间,同时,对原有市场资源的配置进行了优化,提高了市场资源的利用率,对家庭农场绿色生产行业的发展具有极高的借鉴意义[2],家庭农场绿色生产行业在发展过程中可进一步探索"保险+期货"这一服务模式,保障家庭农场绿色生产的经济效应。

第三,完善家庭农场绿色生产示范制度。通过绿色生产示范农场的建立,为农场经营者提供绿色生产的成功样板案例。对农场基地统一规划、统一实施、统一管理,塑造标准化绿色生产示范农场标杆,打破固有认知,从而带动周边农场的绿色生产。同时给予绿色生产示范农场相应的配套鼓励措施,如为其绿色生产行为给予专

---

[1] 姜华:"新时期、新定位、新目标下的农业保险高质量发展研究",载《保险研究》2019年第12期。

[2] 武淼、马跃进:"推进家庭农场发展的思考",载《三晋基层治理》2021年第3期。

第7章 优化我国家庭农场绿色生产制度环境的实现路径

项奖励资金,并通过"报、网、微、端、屏"以及村委会等多层次、多渠道宣传报道,突出抓好示范效应[1],引领带动更多的农场采纳绿色生产方式,进行绿色生产。

(3)能力建设型制度方面

第一,建立健全新型职业农民制度。大力培育新型职业农民,对农场经营者进行培训,提高其经营管理能力。领导者的综合素质对家庭农场的发展有着极为重要的影响。建立职业农民培训体系,围绕绿色生产的核心需求,切实提高培训的针对性,不仅是针对农业的绿色生产,更是针对不同类型的农业生产者,进行专业的培训,由此通过培训切实提升家庭农场生产经营者的绿色生产水平。在培训的同时,可通过对绿色生产的示范农场进行宣传,激发农场主进行农业绿色生产的内在主动性,使其积极主动地参与到绿色生产培训中去[2],这样做可以使农场主的综合能力大幅提升,对家庭农场的绿色生产发展极为有利。

第二,对已有家庭农场绿色生产技术制度进行完善与创新。不断进步的科技使农业领域发生了翻天覆地的变化,家庭农场可利用绿色生产技术,对现有的绿色生产设备进行更新,提高自身的生产效率与竞争能力。马克思曾说,生态农业需要与之相配合的科学技术研究作为支撑,欧美发达国家非常重视科学技术向绿色生态农业应用的转化,也取得了丰厚的成果。这方面日本的做法值得我们借鉴,他们对生态农业进行了整体性和系统性的研究。早稻田大学从生态农业在人类发展与自然环境变化之间所起到的作用等角度出发进行了由理论到实践的不间断研究分析,为日本政府对生态农业的

---

[1] 王若男等:"农户绿色生产技术采纳的增收效应:基于质量经济学视角",载《农业现代化研究》2021年第3期。

[2] 王兴国、曲海燕:"科技创新推动农业高质量发展的思路与建议",载《学习与探索》2020年第11期。

管理决策提供了科学的参考依据。中央农业综合研究中心与国际国内多家科研机构针对生态环境保护等对人类发展至关重要的问题开展了近30年的协作研究,主要从空气、土地、工业废弃物再利用、取水等方面,以及生物措施、机械措施、工程措施、物力措施等维度进行跨学科、跨部门的协调性、系统性研究分析,在生态农业领域取得显著成效[1]。

结合我国发展实际,完善家庭农场绿色生产技术创新制度应从以下两方面努力:一方面,完善家庭农场绿色生产科技创新制度的系统性和稳定性。首先,加强农业科技创新对农业绿色生产发展的推动力,对已有农业科技创新激励机制进行进一步完善[2]。其次,依据农业科技行业的发展情况,制定出更加合理的评价体系,使农业绿色生产科技创新项目的评价更加具有针对性。再次,注重产权保护,完善已有产权保护机制,确保绿色科技创新主体的利益不受损害,提高违法成本[3]。最后,扩大农业绿色技术研发和供给,不仅将绿色生产技术提供给家庭农场生产经营者,还要降低家庭农场获得绿色生产技术的成本,使家庭农场经营者明确绿色生产技术的重要性。另一方面,完善家庭农场绿色生产科技创新的转化和推广机制。一是建立家庭农场与科研院所的交流机制。科研院推出的种种绿色生产科技进一步推动了家庭农场的发展,在家庭农场发展中占有极高地位,因此可通过建立合作机制在科研院所与家庭农场

---

[1] 陈昊:"农民绿色发展理论与二十一世纪国外绿色农业发展实践研究",载《建国70周年与人的发展经济学——2019年中国·人的发展经济学学会学术会议论文集》,2019年。

[2] 王兴国、曲海燕:"科技创新推动农业高质量发展的思路与建议",载《学习与探索》2020年第11期。

[3] 郭海红:"改革开放四十年的农业科技体制改革",载《农业经济问题》2019年第1期。

第7章 优化我国家庭农场绿色生产制度环境的实现路径

之间搭建一个桥梁,加大二者的合作力度[1];二是建立家庭农场与农技推广机构的合作机制。通过对基层农业技术推广机构的科学布局和对基层农业技术推广队伍的积极建设,来加强农技推广机构和人员的供给数量和供给质量。在提升农技机构和人员的供给水平基础上,通过建立"家庭农场+"定向帮扶机制,对提供农业技术推广服务的机构和人员予以物质和精神奖励,增强家庭农场经营者运用农业绿色生产技术的能力。

第三,完善家庭农场绿色生产的社会化服务制度。农业社会化服务体系是农业实现绿色生产发展的首要条件,同时也在家庭农场实现绿色生产发展中扮演着重要角色。经济社会的不断发展,带动了农业生产方式的发展与创新,而家庭农场绿色生产也呼唤着绿色生产的社会化服务制度的完善。因此,相关管理者需对现有的农业经营体系进行创新,使其可以更好地服务于农业绿色生产发展行业[2]。法国政府积极引领农业与服务业、高科技产业相融合,完善农业的社会化服务制度,在农业经济效益实现不断增长的同时,家庭农场生产经营的生态效应也得到了发展与提升[3]。通过提高社会化服务水平,为家庭农场绿色生产提供坚实的生产服务保障,有利于促进家庭农场绿色生产的发展。所以,家庭农场可以从病虫害防治等方面,积极培育社会化服务组织。与此同时,针对这些社会化组织出台配套措施,对已有的行业准入标准与监管机制进行完善,监督规范服务行业行为,为农业社会化服务组织健康发展提供

---

[1] 武焱、马跃进:"推进家庭农场发展的思考",载《三晋基层治理》2021年第3期。

[2] 芦千文:"新时代发展农业生产性服务业的新要求",载《农业经济与管理》2019年第3期。

[3] 肖化柱:"我国家庭农场制度创新研究",湖南农业大学2017年博士学位论文。

制度保障[1]。充分发展我国家庭农场绿色生产的服务化制度，需要进一步引进多元化主体来充实服务力量与提升服务质量，包括专业合作社及龙头企业等社会组织。在进行试点工作时可以对国内已有的服务经验进行总结，构建农机、仓储等具有针对性的服务性组织，利用国内已有的诸多涉农综合平台，搭建出可以为农业绿色生产行业提供更好服务的社会化服务体系[2]。

(4) 引导型制度方面

乡村振兴战略背景下，家庭农场绿色生产的发展离不开政府社会的引导鼓励，因此，应大力宣传和倡导绿色生产理念，提高家庭农场主的环境保护和健康生产观念，同时加强对绿色农产品认证相关知识和信息的宣传。具体可以是政府通过政策文件，通过电视、纸质媒体等传统媒体，或者新媒体网络、自媒体等新媒体，用多元化途径对家庭农场绿色生产进行宣传，让经营者理解绿色生产将带来的经济效应，激励其主动进行绿色生产。此外，政府应对"三品一标"认证的家庭农场进行经济奖励和精神鼓励，在全社会范围内对其进行宣传褒奖，起到引导、鼓励家庭农场进行绿色生产、提升绿色农产品质量的效果。

7.2.3 灵活安排制度供给，契合地区家庭农场绿色生产制度需求

根据研究结论，不同地区的家庭农场绿色生产发展存在差异，这种差异主要表现在：一是家庭农场绿色生产效应的差异，在经济发展较为迅猛的地区与我国东部地区农场绿色生产取得了良好收

---

[1] 王亚丹："农业生产性服务业推动农业高质量发展的路径探索"，载《农业经济》2020年第11期。

[2] 刘卫柏、徐吟川："小农户有机衔接现代农业发展研究"，载《理论探索》2019年第2期。

武焱、马跃进："推进家庭农场发展的思考"，载《三晋基层治理》2021年第3期。

第7章 优化我国家庭农场绿色生产制度环境的实现路径

益,在经济发展较为落后或较为平缓的地区、中部和西部地区家庭农场绿色生产效应较差;二是家庭农场绿色生产生态效应的变动原因存在差异,经济发展水平较高地区、东部地区家庭农场绿色生产生态效应变动的主因是技术推动,而经济发展水平较低地区、西部地区家庭农场绿色生产生态效应变动的主因则是规模推动;三是制度环境对家庭农场绿色生产效应的影响也存在地区差异。这就决定了优化我国家庭农场绿色生产的制度环境要尊重地区差异,采取契合地区发展需求的个性化措施。对不同地区进行不同制度策略的调整,采取有所侧重的契合地区发展特点的措施,对相关制度安排予以灵活处理,营造科学的、宽松的、契合地区发展需求的制度环境。

(1) 我国东部地区

我国东部地区的制度安排应将重点放在技术创新与制度优化上。东部地区农用土地规模有限,故在东部地区等经济发达省份,应着重关注技术创新相关制度带动农场绿色生产,以此契合当地的发展需求。

从国外家庭农场绿色生产的发展经验来看,中小规模家庭农场的发展往往依靠技术创新制度来推动绿色生产。作为小规模家庭农场的代表国家——日本,由于其农业土地资源的极端稀缺,无法发展大型的家庭农场。因此,在无法进行大规模农业生产的前提下,日本着重通过科技创新来推动农业的可持续发展[1],具体通过农业生产安全作业、保护农业技术知识产权、畅通农业生产流通机制以及推动农业技术的创新与推广等方面实施技术创新战略[2]。除

---

[1] 肖化柱:"我国家庭农场制度创新研究",湖南农业大学 2017 年博士学位论文。

[2] 贾磊等:"日本农村振兴的经验及对我国的启示",载《农业现代化研究》2018 年第 3 期。

科技创新外，日本家庭农场还非常注重农场主绿色生产经营理念的提升，由此大大提升了日本家庭农场绿色生产的水平。与此类似，作为经济发展水平较高，但农用土地有限的法国，其中小型农场占到了81%[1]，法国同样以科技创新支撑着农业的可持续发展。法国政府针对农业绿色生产的科技创新制度主要集中在以下方面：一是制定农业科技创新项目规划。为保障科研目标的实现，在制定计划并提供资金投入的同时，设置专门机构对项目及其项目参与人员的相关工作进程进行监督[2]。二是结合研究机构的生态农业研究项目和农业绿色发展的实践情况，综合考虑未来绿色农业研究的新方向[3]。三是密切农业生产经营者与农业研究机构及人员的沟通机制，引导农业发展协会与农业研究机构的合作机制，从而促进绿色农业研究的发展和绿色农业实践的提升。

尽管农业科技创新在一定程度上推动了我国农业的绿色生产，但我国的农业绿色生产技术水平并不高，缺乏专门的农业绿色生产技术研究规划是其重要原因。因此，我国东部地区应借鉴日本和法国的经验，结合东部地区发展特点，加快推动农场绿色生产科技创新制度的优化。东部地区要实现科技创新带动的绿色生产飞跃，重点就是要发展农技创新与推广制度。

第一，完善家庭农场绿色生产技术创新制度。首先，推进农业技术创新行动的开展。政府应制定包括化肥、农药、种子、节水灌溉及农业废弃物处置等相关的绿色生产技术行动计划，重点推动绿色生产技术的研发活动，并对具体研发项目的行动目标进行监督。

---

[1] 何劲、熊学萍："家庭农场绩效评价：制度安排抑或环境相容"，载《改革》2014年第8期。

[2] 张莉等："法国生态农业发展的成效、新措施及启示"，载《世界农业》2019年第11期。

[3] 法国农业部，《法国对2022年生态农业项目规划》，http://www.agencebio.org/sites/default/files/upload/180625_ programmeambitionbio_ 2022.pdf。

其次,提升政府管理服务能力。政府管理服务能力作为影响家庭农场绿色生产技术创新的重要因素,其能力的提升对于激发科技创新热情和催生绿色生产科技成果具有积极作用,能够为家庭农场绿色生产带来积极的技术创新效应。再次,完善科研院所和农业院校的参与机制。一方面,科研院所能够为农业生产提供新品种、新技术和新工艺,而家庭农场绿色生产的创新源泉就是新技术、新工艺。从中央到地方,从国家级到基层县区级,我国都设有专门的农业科研院所,这些农业科学院、农林科学院以及农业科学技术研究所等机构形成了农业科技创新基地,是农业科技创新的核心力量。因此,加强农业科研院所参与家庭农场绿色生产科技创新的力度,能够为家庭农场绿色生产的技术创新提供不竭动力。另一方面,农业院校能够实现产学研、农科教相结合,为家庭农场绿色生产的科技创新提供个性化源泉。农业院校通过将农业的科技服务与教学、科研相结合,实现理论与实践的融合,不仅有利于为教学和科研源源不断地提供创新理念,而且能切实为农业绿色生产提供急需的技术供给,即实现产学研模式的良好效应;除产学研模式外,农科教模式也是一种创新的服务模式。通过政府将农业发展、科技研究、教育培训相关部门的资源进行整合并优化配置,提升总体资源的利用效率,加强农业科技创新的实力。当然,在加强家庭农场绿色生产技术创新能力的同时,对知识产权进行严格保护,是农业科技创新不断进步的重要保障。

第二,健全农业绿色生产技术的推广制度。首先,由政府主导专家学者参与制定明确的农业绿色生产技术的推广规范,是有效顺畅推广农技的制度保障;其次,拓展农业绿色生产技术的推广渠道,除专门的推广机构外,农业技术服务平台的搭建能够为家庭农场经营者提供获取农业技术服务的便捷方式,包括一些节水灌溉技术服务、测土配方施肥技术服务以及病虫害防控技术服务等均可以在平台了解和获取。此外,还应将农业技术推广与家庭农场密切结合,针对家庭农场规模经营的特点,通过培训的方式提高家庭农场从业者操作农业机械的能力[1],使家庭农场绿色生产得到有力的技术支撑,从而有效提升其绿色生产经营水平。

(2) 我国西部地区

我国西部地区着重规模发展相关制度的优化。由于我国西部地区普遍经济水平发展程度较低,但农用土地规模普遍较大,故在西部地区等经济落后省份,应着重关注规模经营相关制度带动绿色生产,以符合当地农场的发展特点。

从国外家庭农场绿色生产的发展经验来看,大中型家庭农场的发展往往依靠土地规模经营制度来推动绿色生产。作为大中型家庭农场的代表国家——美国,其农场中71%为规模化经营的大中型农场,在推动绿色生产的过程中为提高生产规模而不断拓展耕地面积,并对拓展的耕地质量进行检测,明确其差异所在,据此进行改造,使其适合种植目标农作物。通过土地功能的划分和生产要素的自发调整[2],大大提升了家庭农场的产值,同时促进家庭农场生产的专业化和绿色化发展,可见,大型家庭农场可利用其具有的规模优势提升绿色生产水平。因此,我国西部地区发展大规模的家庭农场具有一定交易成本优势,具体可借鉴美国西部农场的规模经营经验。

要实现西部地区家庭农场的规模经营,核心制度就是农地流转制度,通过我国台湾地区针对土地制度多次改革的做法可以发现,农村土地所有权、农村土地承包权、农村土地经营权三者之间该如

---

[1] 曹铁毅、王雪琪、邹伟:"经营规模、农业技术培训与家庭农场收入——基于江苏省的调查",载《农业现代化研究》2020年第2期。

[2] 肖化柱:"美法日家庭农场制度创新的特点及对我国的启示",载《齐齐哈尔大学学报(哲学社会科学版)》2017年第6期。

第7章 优化我国家庭农场绿色生产制度环境的实现路径

何规范区分在新型农业经营过程中有着极为重要的地位[1]。与国外的土地私有制不同,应结合我国土地制度的特点,优化土地规模经营制度。当家庭农场发展到一定规模,其原有土地将无法满足家庭农场的发展需求,此时,怎样才能使家庭农场制度与土地经营权流转制度顺利对接是家庭农场必须面对的一个难题。笔者认为,应从以下三点进行对接:第一,土地确权是完善土地经营权流转制度的第一步,也是家庭农场规模经营实现绿色生产的重要基础。通过农地确权明晰土地权属,可以使"三权分置"的制度能够真正落实到位。因此可明确:若家庭农场在经营过程中所使用的土地经营权已经明晰权属,则该土地经营权属于家庭农场的财产。第二,当家庭农场因种种原因决定退出该行业时,怎样确保土地经营权可以顺利流转是当地政府进行家庭农场管理时的一大难点。结合上述分析,建议将流转衔接规则制定如下:若家庭农场在退出该行业时,其承包的土地已达到规定年限,则该土地经营权归由农村集体组织;若承包的土地未达到规定年限,则该土地的经营权归由原土地承包户。第三,明确家庭农场在经营过程中承包土地时所拥有的土地经营权是否属于农场破产财产。此时,应依据家庭农场破产时的实际情况对其进行讨论,可能出现的情况有以下两种:一种是该土地经营权不属于农场破产财产。从权利角度出发,应将土地经营权确认为债权,这种确认方式所依据的原则是"一物一权",土地属于"一物一权"中的一物,已经天然携带土地承包经营权,若土地经营权也为物权,则违法了"一物一权"的原则,因此,土地经营权宜作为债权。从《企业破产法》中可以了解到,若财产本身不属于债务人,则财产的权利人可从债务人手中对该财产进行回收。所以,家庭农场通过土地流转的方式获得土地经营权后,当家庭农场

---

[1] 曾玉荣:"家庭农场经营效率分析与制度优化研究——以福建为例",福建农林大学 2015 年博士学位论文。

破产时，不应将该权利归属为家庭农场的破产财产。虽然《民法典》中明确提出，土地承包经营权的性质为用益物权，当他人将土地承包经营权作为原始资本与他人合伙共同建立家庭农场时，该土地承包经营权可视为家庭农场的财产，当家庭农场破产时，应将其归属为破产财产[1]。然而，在实际生活中，往往不会将土地承包经营权归属为破产财产，这是因为土地是农民生活的根基，当农民失去土地后很有可能失去其生活的唯一来源。为保障农民生活的基本需求，可规定：一旦家庭农场破产，土地承包经营权不能归属为破产财产。通过将我国家庭农场制度与土地经营权流转制度相对接，为家庭农场扩大规模，实现专业化经营奠定坚实基础。

此外，针对我国西部地区经济发展水平较低的现状，实现规模经营带动绿色生产需要政府制定适当的财政补贴倾斜政策。从国外的发展经验中可以有所借鉴和参考。在经过多方商讨以及欧盟的大力支持下，不利地区支持计划（Less Favored Area Support Scheme，LFASS）最终得以落实，一些地区因自然环境的原因出现低产出情况后，英国会对该地区进行补助，补助金额在每公顷25英镑至每公顷200英镑之间[2]。英国的这一做法值得我国借鉴，我国可针对国内农业的实际发展情况制定财政补贴政策，借此实现不同区域之间的协调发展。我国地域面积广阔，自然资源条件不同，经济发展程度不一，需结合地区资源禀赋的差异，建立家庭农场绿色生产资源共享机制，促进人才、技术、资金等资源的流动和共享，进而促进我国整体家庭农场绿色生产制度环境的优化。

---

[1] 武焱、马跃进："推进家庭农场发展的思考"，载《三晋基层治理》2021年第3期。

[2] 周应华等："英国农村区域协调发展的经验与启示"，载《中国农业资源与区划》2018年第8期。

7.3 研究不足与展望

7.3.1 研究不足

本书围绕制度环境对家庭农场绿色生产效应的影响展开研究，通过对全国家庭农场绿色生产的生产实践和制度现状的梳理，运用 DEA 方法对现行制度环境下家庭农场绿色生产的生态效应进行测度，进而分析现有制度环境对家庭农场绿色生产的生态效应和经济效应的影响机理，从而提出优化我国家庭农场绿色生产制度环境的若干对策。然而，由于个人研究能力和精力的限制，尚存在一些不足，这也是作者未来需要继续努力研究的方向。

第一，数据资料具有一定的局限性。一是数据资料年份较短。由于目前全国家庭农场发展的监测数据公布自 2014 年至 2018 年，本书仅选取了 2014~2018 年的省级面板数据进行研究，数据年份较短对于制度环境的研究存在一定局限；二是数据资料不够精细。已有的家庭农场绿色生产相关数据未针对经营类型进行划分，故本书未能进一步针对不同经营类型的家庭农场绿色生产制度进行研究。

第二，研究视角具有一定的局限性。家庭农场绿色生产受到制度环境的影响，必然包括正式制度与非正式制度。但限于篇幅和研究精力，未能对家庭农场绿色生产的非正式制度进行实地调研，故本书缺乏非正式制度对家庭农场绿色生产效应影响的相关研究。

7.3.2 未来展望

近年来，学术界对家庭农场绿色生产以及制度环境进行了丰富的研究，并且制度环境对家庭农场绿色生产具有关键性的意义，制度环境的优化能够为家庭农场绿色生产的发展带来机遇，同时也对我国农业的绿色发展具有深远价值。针对本书研究存在的不足，作者将在未来进一步对相关问题进行研究：

第一，补充研究数据，深入分析制度环境对不同经营类型家庭农场绿色生产效应的影响。随着家庭农场绿色生产的不断发展，未来将继续补充更新数据样本，并且增强数据样本的精度。针对家庭农场的不同经营类型进行对比研究，进一步深入分析制度环境如何对不同经营类型的家庭农场绿色生产效应发挥影响作用，进而为推进我国家庭农场绿色生产的发展提供参考。

第二，扩大研究视角，引入非正式制度来分析制度环境对家庭农场绿色生产效应的影响。通过对不同地区家庭农场的实地调研，获取非正式制度的微观数据资料。将制度环境分为正式制度环境和非正式制度环境，对其进行实证研究，对比正式制度与非正式制度对家庭农场绿色生产效应的影响，从而为将来家庭农场绿色生产制度环境的优化提供一定借鉴。